兩個實相是引領我們達至證悟的 所有修行者帶來啓發。」

——理查‧基爾（Richard Gere）
知名演員

「在本書中，我們學習如何帶著全然的悲傷和喜悅，眞正去欣賞生命中的一切。方法很簡單，就是保持平靜、良善與覺知，並對每件事都感到歡喜。」

——皮爾特‧哈特（Piet Hut）
普林斯頓大學天體物理學教授與跨領域研究計劃負責人

「不同傳統對於『正念』的解讀和使用都不太一樣，然而，就心的非二元性及正統修行指導的必要性而言，看法卻完全一致。正如確吉尼瑪仁波切在這本言詞巧妙、簡潔又極爲實用的佛法入門書中所寫的，禪修有許多不同法門，然而最終、也是其初衷所在，則是：這些正統、可靠的禪修法門所欲達到之目的唯有一個，那就是幫助人們獲得證悟。」

——喬‧卡巴金（Jon Kabat-Zinn）
《正念療癒力》（*Full Catastrophe*）與《禪修不是你想的那樣》
（*Meditation is not what you think*，暫譯）作者

深切悲傷，因為沒有什麼能永恆長久。

熱切去愛，因為眾生皆為我摯愛家人。

清晰開放，因為這顆平常心全然覺醒。

純然喜悅，因為所有這些都是真實的。

喜饒帕宗——中譯　普賢法譯小組——審定

Sadness, Love, Openness:
The Buddhist Path of Joy

佛法的
喜悅之道

確吉·尼瑪仁波切——著
Chökyi Nyima Rinpoche

各界讚譽

「本書不僅溫暖、易讀，且意義深刻、富有洞見。確吉尼瑪仁波切爲我們這個時代的人們提供了強而有力的建言。本書是穿越時空的智慧之寶，比任何時候都還要契合我們這個時代。」

——雪兒（Cher）
奧斯卡金像獎、葛萊美獎和金球獎得主

「我的朋友兼導師確吉尼瑪仁波切，是一位修行經驗豐富且眞實無虛的大圓滿上師。他所寫的這本書，就像是爲我們這些在貪瞋癡大海中掙扎的人們拋出了一條救生繩。正如仁波切所說：『佛法並非一種興趣嗜好。』佛法是一件非常嚴肅的事，它能將我們從忘失本心的汪洋中解救出來，使我們憶起自己充滿光明、愛與智慧的本來面貌。若我們能修持佛法的教導，就有可能完全解脫；若我們能依循上師的建言，則可保證必能完全解脫。仁波切引領我們透過有次第的佛法修持，進入喜悅與自由的大圓滿境界。他強調擁抱無常與緣起的重要性，因爲這

2

目錄

作者簡介

確吉‧尼瑪仁波切（Chökyi Nyima Rinpoche）

　　尊貴的確吉‧尼瑪仁波切，是當代著名的藏傳佛教上師和禪修大師。他一九五一年出生於西藏，是二十世紀藏傳佛教最為卓著的大圓滿成就者，是被喻為「眾師之師」的至尊祖古‧烏金仁波切的長子。確吉‧尼瑪仁波切出生後十八個月，被第十六世噶瑪巴認證為噶舉派大成就者——迦竹千大師的轉世，即古印度佛教哲學家龍樹菩薩之化身。

　　確吉‧尼瑪仁波切自幼便在第十六世噶瑪巴、第二世敦珠法王、頂果欽哲仁波切、紐修堪仁波切以及父親祖古烏金仁波切等偉大上師的座下學習。一九七六年，年僅二十五歲的確吉‧尼瑪仁波切被第十六世噶瑪巴任命為加德滿都噶甯謝珠林寺的住持。自上個世紀七十年代初，確吉‧尼瑪仁波切與父親祖古‧烏金仁波切一起開始展開全球弘法之旅，蓮足遍及歐美及亞洲等國，為數以萬計的信眾給予大圓滿和大手印的教授與灌頂，以無可比擬的慈悲與智慧，深受弟子們

的崇敬和愛戴。

一九七九年，確吉・尼瑪仁波切創辦讓炯耶喜佛學院，這是專為想要系統學習和修行佛法的國際學生所創立的一所高等教育機構。讓炯耶喜佛學院提供加德滿都大學的學士、碩士和博士學位，所頒發的文憑受到國際廣泛承認。迄今為止，佛學院培養了大量的佛典翻譯專業人才。同時，確吉・尼瑪仁波切還創立讓炯耶喜出版社，並已出版發行數百部當代藏傳佛教大師的論著，特別是有關大手印和大圓滿的著作。

近半個世紀以來，確吉・尼瑪仁波切在管理尼泊爾加德滿都噶甯謝珠林寺、納吉尼寺、帕平阿蘇拉山洞閉關中心的同時，還先後在美國、德國、奧地利、丹麥、英國、俄羅斯、法國、蘇格蘭、烏克蘭、以色列、墨西哥、馬來西亞、越南、加拿大等數十個國家設立禪修閉關中心，令佛法在西方得以廣弘。

確吉・尼瑪仁波切投入畢生精力，致力於弘揚及保存佛法；他擅長以精要、淺顯、幽默的方式，傳授佛法的核心要義、開啓眾生的本然覺性。時至今日，他依然孜孜不倦地往返於世界各地，親自主持佛學講座，帶領指導閉關和禪修，持續不懈地為大眾帶來智慧的啓發。

引言

在佛法傳統裡，根據口訣而培養具體、直接的體驗是非常重要的。如果我們的目標是尋找自由與覺醒，那麼，光憑抽象概念去學習無常、痛苦、慈悲或觀照自心本性是不夠的。唯一能真正理解的方式是透過直接體驗；只有如此，才算真正有效地運用佛法。

佛陀是基於什麼樣的體驗來給予我們法教的呢？答案是「悲傷」、「慈愛」與「開放」。儘管這三點看來非常不同，但悲傷與開放基本上是緊密相連的。若是我們能體認一切現象之無常本質，那種快要淹沒我們的深刻悲傷，將促使我們向周遭世界打開自己的心房。我們將敞開自己的心房，注意到身邊的人，並看見每個人的生命都有其痛苦的一面；我們也能理解喜悅稍縱即逝的道理，進而意識到每個人一生中都承擔著相同的擔憂、恐懼與痛苦。透過這樣的方式，我們能體會大家都有類似的痛苦經驗，並經由對他人的感受產生同理心，我們能對他人生起同情，進而自然而然地生起想要幫

助和保護身邊眾生的願望。這份想要幫助和保護的心，乃是源自於愛。我們越是睜開雙眼看見他人的痛苦與迷妄，心中的這份愛就會越強烈；愛能清除心中貪執、瞋恨與愚癡的濃霧；愛就像烈日一樣能穿透霧氣，驅散迷霧，留下廣袤的開闊與澄明。當一切盡散，唯留下無邊的開放與澄明時，我們就能看見離於分別概念的萬法本質了。

然而，就像念頭會一再湧現，迷霧也會再次出現，但此刻，我們已能透過自身經驗，認知到自由與覺醒一直都在我們內心裡面。這份了悟會讓我們生起難以言喻的喜悅，我們能體會到：對自己、對他人，覺醒都是正確的選擇。我們衷心期盼每個人都能覺醒並獲得真正的自由！想想這有多美好！當這樣的想法在我們內心滿溢時，內在的執著與迷妄也將自然消失，而我們也會看到這個世界的本來樣貌便是徹底的無常與痛苦，如此將使心中的感傷更加強烈。只是現在，這份感傷會帶著真摯的愛與關懷，和一份深切的責任感。因為我們相信，只要堅持不懈地走在這條法道上，將來無論身在何處，都能帶來真實長久的改變。悲傷、愛和開放，乃藉此而讓佛法修行者得以延續慧命。

【第一部】

佛法的喜悦之道

1 悲傷篇

啓程

我們都知道，在著手一項新計劃時，抱持正確的態度，實有其重要性。本書是關於佛法、佛陀言教的一本書，在學習佛法時，能有一個具體的願望來激勵自己，是非常重要的。我們在學習和修持佛法時，必須明白修行的目的是爲了幫助、利益一切眾生。因此，若你能在一開始這樣想，會很好：

> 我現在所做的事情，具有對治自己所有煩惱和妄念的力量，它將引領我走上時時充滿喜悅的道路，直到解脫與證悟。而我想和眾生分享這份喜悅。

立下這個想法後，將會立刻改變我們。它能使我們內心感到平靜、放鬆；它能使我們向他人敞開自己，開始去注意到每個人都帶著悲傷、痛苦而來。希望他人安康幸福的真心關懷，就像一座美麗的花園，而智慧的花朵將在這裡綻放。

我們為什麼活著？

佛法將此生視為我們生生世世輪迴當中的某一世。這一世從出生開始，於死亡結束。此生中，我們藉由仰賴一些事物來讓自己免於傷害、獲得支撐。舉例而言，小時候我們仰賴父母以獲得舒適安全的生活。長大後，我們認為求學對人生有益，於是我們接受教育。學習到一定程度後，就找份工作，賺錢來支付生活開銷與消遣娛樂。所有這些我們所仰賴的事物——包括我們的家人、朋友、財產和社會地位，形塑了我們的人生與快樂。事實上，我們所做的任何事，其動力都來自於我們想要快樂。

沒有永恆不變的事物

然而在我們尋找快樂的同時，往往發現自己最終所獲得

的結果與當初所設定的相差甚遠。之所以會這樣的原因正在於，這世上的一切事物都仰賴其他事物而發生。換句話說，沒有任何事物是獨立存在的。佛法稱之為「因緣和合」，因緣和合的特性就是無常。我們或許絕頂聰明、擁有許多成就，又或者我們相當幸運，事情皆按照我們的心意發展。然而，不論情況為何，這世上沒有永恆不變的事物，幸運之風遲早會轉向，轉眼間我們就會發現自己的處境與先前截然不同，再加上整個生命過程裡，我們會不斷地衰老，直到有一天離開人世，不復存在。這些話或許聽起來有些殘酷，但這就是生命的實相。如果我們願意面對現實，將會為我們打開比世俗追求更有意義的事物。

生命的意義

我們都希望自己的生命過得有意義，大多數人都認為，有意義的人生是要靠下功夫去努力獲得的。比如說，透過某些經歷、獲得某些東西或認識某些人士。然而，我們真正要尋找的是什麼呢？到底什麼才是此生能達成的？我們從過去的行為當中究竟得到了什麼？事實上，當此生結束，我們

什麼也帶不走，不用說金錢或財產——甚至連自己最親愛的人，都無法帶走。生命是以非自主的方式結束，我們被迫與自己所愛的、珍視的人事物完全分離。在這一生當中，我們總是努力去獲得什麼；我們總是在念頭與想法的汪洋中飄蕩。我們或許擁有許多成就，銀行裡有許多存款，非常受人歡迎，有許多朋友和愛我們的家人；但無論我們擁有什麼，當死神來敲門的時候，我們都要與之告別。

　　仔細想想，你是否已實現了自己所想要的一切？人生是否都按照自己所想的發展？如果答案爲「是的」，那很好。但很少有人會對自己的人生完全心滿意足吧！就如藏人所說，這樣的人就如白天的星辰一樣稀少。不如還是讓我們誠實面對好了，事實上，我們總是會有好像缺少一點什麼的感覺，事情經常不如人意，我們總是認爲自己的人生應該可以更好！

念頭和情緒

　　說來，正是我們心的運作方式讓我們很難獲得滿足。我們經常被自己永無止盡的念頭所控制。這些念頭來來去去，

讓我們的心無法安住於平靜、喜悅與滿足中。我們的腦袋總是有揮之不去的念頭，認為事情不夠好，總是有聲音在耳邊說著，如果這樣、那樣就更好了。

這些想法自動轉變成認知，讓我們本能地認為事情就是不太對勁。我們從未真正放鬆，因為我們無法享受當下的本然狀態。我們總是有所期盼，也總是有想要躲避的東西。我們不斷在希望與恐懼之中切換，並從中衍生出其他情緒，而這些情緒有可能變得強大、具有毀滅性，例如執著與憎恨。當執著與憎恨形成主觀意識時，採取行動只是早晚的問題。我們會隨著慾望起舞，或刻意遠離所討厭的事物。事實上，我們的所思、所言、所行，都是心識中那些飄盪不定的情緒表現，而這些行為將帶來後果。當我們的心被念頭所迷惑，沈迷於情緒而不知自拔時，我們的行動必定會為自己和他人帶來痛苦。

念頭的本質

儘管我們的念頭如此負面，還會產生嚴重後果，但念頭的真正本質其實是智慧。這句話聽起來或許有些矛盾，但我

們必須理解，念頭本身與覺醒無異。佛法就是要幫助我們了解，念頭的真正本質沒有別的，正是覺醒，這樣的認知是我們唯一能破除念頭妄相的方式。

這也是我們之所以要接受口訣教導、理解佛法的真正原因，以及我們之所以要將法教付諸實行與禪修的原因。如果我們繼續讓自己的念頭以現在這種方式運作，我們將永遠無法於當下獲得快樂，最終只能不斷地在逃避與追逐當中無限循環。

佛法修持並非興趣嗜好

佛法提醒我們要對念頭的殺傷力有所警惕，並教導我們要認出念頭的真實本質。佛法為我們揭示念頭的本來面目乃是智慧與覺醒，並讓我們發掘自身念頭本具的智慧、慈悲與力量。這正是佛法修持的目的─認出並熟悉念頭的本質。最終，我們將在這樣的認知當中，獲得完全的自由與自信。因此，我們必須明白佛法修持並非一種興趣嗜好，這點非常重要。理解佛法的目的、知道如何正確修持，是非常重要的。為了培養出認知念頭本質的能力，我們必須將佛法視為生活

中的優先要務。

擔心

　　事情就是如此，世間沒有什麼事物是真正具有意義，或有任何深層含義的。無論擁有再多名聲、地位、權利、金錢，都無法讓我們感到滿足，而這些東西也都不堪一擊。我們努力工作換取自己所需，但最終當我們實現願望時，結果卻不再那麼令人興奮，很快地我們就會感到索然乏味、興致缺缺。又或者我們徹夜未眠，一心擘畫著將來，同時卻又擔心如何守住既有的資產。反觀那些沒有太多財產、身無分文的人，就只需擔心是否能填飽肚子，或有個遮風擋雨之處而已。請不要誤解我的意思，我並不是說貧窮使人滿足。我的意思是，我們越是仰賴外在因素使自己快樂，我們的情況往往就越悲慘。

　　如果精神上貧窮匱乏，擁有豐富的物質又有何用？我們真正要的是快樂、安全、富足與自在，而這些不都是精神上的需求嗎？真正的幸福來自於珍惜擁有，內心無有擔憂與害怕。然而，我們卻總是向外尋找幸福感，孩童時期如此，長

大成人後依然如此。試問我們真正在尋找的是什麼？是一份成功的感覺？那麼成功又代表什麼？怎樣才算成功？當我們不斷期盼、嘗試、努力、煞費苦心時，自己也不斷地在衰老，直到有一天，我們再也沒有氣力。然而真正悲哀的是，我們永遠都無法走到自認為已實現願望的那個終點。

業

我們為什麼需要佛法？為何聽聞佛陀的法教是明智之舉？答案是因為我們並不明白事物的實相。日復一日、年復一年，我們無時無刻不被幻相所愚弄。事物並非它們所展現出來的樣子，所有的事物都無法長久。然而我們卻將事物看得如此真實，進而衍生出貪執、瞋恨與愚癡等反應。

業就是行為，是我們過往行動留在自身裡的印記，並進而決定我們將來的經歷。每當我們喜歡或憐憫某件人、事、物，就是一種微細的惡業表現，因為喜歡屬於微細的貪執。每當我們不喜歡或不認同某件人、事、物，也是一種惡業的微細表現，因為不喜歡屬於瞋怒（拒斥）的執著。漠然也是，「我不在乎」這句話本身就是愚癡的展現，所以這也是

微細的惡業表現。如果仔細審視，很容易就會發現我們的念頭總是在貪、瞋、癡這三條軌道間來回穿梭。

簡言之，我們受到非實存的事物所吸引。正因為我們認為它們是如此的真實，所以本能地假定它們會一直存在，於是迷妄就這樣產生。對於自己所討厭的事物也是一樣，每當我們遇到嫌惡的事物時，總是認為那些討厭的人、事、物是如此的明確與真實，內心惱人的感受是如此真實且具說服力。但我們從未停下來好好思考，自己的體驗是否如實反映了事物的實相。

瞭解佛法

相較於佛教徒，信仰其他宗教的人往往對自己的宗教知之甚深。但遺憾的是，佛教徒並不是這樣。老實說，大部分的佛教徒都不知道佛法究竟在談什麼，也就是說，多數人並不了解佛法的精髓為何。許多人沈緬於佛教的儀式或哲理當中，但這些都只是佛法的一部分，當然，也不是佛法的精髓所在。若這些是佛法的精髓，佛教就跟其他宗教沒有不同了。從表面上來看，佛教徒所做的事和其他宗教並無差別，

都是要盡力做個好人、關懷他人、保持良善等等。於是，我
們就這樣告訴自己，說佛法大概就是這樣吧！其他宗教信仰
上帝、眞主或其他神明，而我們相信佛陀，這點大家都差不
多吧！實際上，很多佛教徒都是這麼想的！

　　然而，作爲二十一世紀明智的現代佛教徒，我們有責任
充分瞭解佛法究竟在講什麼。我們究竟爲何要修持佛陀的言
教？實踐佛法最佳、最有效的方式是什麼？修行的最終成果
是什麼？這些問題很少有人能回答得出來。沒錯，佛教徒的
外在行爲也很重要，但對佛教各宗派而言，最關鍵要點還是
要瞭解佛法的兩個主題：**二諦**（兩種眞理）和**相依緣起**（緣
起法）。

　　二諦是指勝義諦（究竟眞理）和世俗諦（相對眞理）。
勝義諦是指萬法的本性，事物的實相；世俗諦則是指事物的
顯相，它們所顯現出來的樣子。

　　相依緣起是指每件事物都是依賴其自身以外的事物而出
現。換句話說，世間萬法都是隨因緣而生滅。緣起法非常深
奧且複雜，很少有人能眞正了解，然而緣起法確實是佛陀言
教的核心。

佛法裡有一句著名的偈頌是這樣說的：

諸法從緣起，　　（一切現象都是從因而顯現的）

如來說是因，　　（佛陀教導了關於這些因的事）

彼法因緣盡，　　（以及這些因如何滅盡的事）

是大沙門說。　　（這就是大修行僧所教導的）

所以，作爲明智的現代佛教徒，應當把理解緣起法作爲修行的目標。

何苦要修行？

在做任何佛法修持前，我們必須明白知道自己爲何要追隨佛陀的言教？必須瞭解並親自體驗佛法對我們的眞正意義爲何？也需要知道自己修行的結果會如何？

我們之所以追隨佛陀的言教，是因爲我們的感知偏離實相、我們的情緒導致自己和他人痛苦，所以我們要學習佛法。我們學習佛法，是因爲要終止自身的迷妄，所以透過聞、思、修來親近佛法。我們修行的目的是爲了獲得究竟覺

醒，也就是證得念頭的真實自性。過去我們無時無刻不被念頭追著跑，以至於無法看清事物的真相。事實上，念頭的自性就是智慧，是清淨無染、離於概念的智慧，而我們學習、修持佛法的目的，就是要直接體驗這份覺醒。

不同的形式

佛教各部派均一致認同緣起法是佛法的核心要點。事實上，如果我們能理解緣起法，也就沒有什麼其他需要理解的了，這點是大家所一致同意的。當然，各部派對緣起法的解釋或有不同，這是因為每個人的根器各有差別，不同傳承用其特定的方式教授，好讓大家都能找到自己能理解的方便法門。這些法門或簡單、或複雜，儘管其呈現方式迥異，內容無非都是在講述事物如何依照緣起法顯現及其顯相的真實自性。

實修之必要

除非我們能藉由聞、思、修來修持佛法，否則就只能被念頭和習性所控制。我們目前用來思惟和感知這個世界的方

式是有誤的。無論我們多麼謹慎思考，無論我們如何絞盡腦汁去理解身邊的世界，根據自己心識運作模式所得出的結論，總是與實相背道而馳。最後，我們基於這個錯誤的感知採取行動，因而導致了痛苦。

思惟　情緒和行動

不受控制的念頭讓我們無法對當下感到知足與放鬆。我們總是覺得有什麼與當下無關的事情要去做、去實現。我們內心總是有著想要追求或逃避的事情，於是壓力日漸累積。一旦我們被壓力擊倒，就會做出對自己、對別人都不利的事情。我們內心或明或暗的貪執與憤怒情緒，將不斷衍生出新的感受與念頭，使事情變得更複雜。比如，當我們認為自己與眾不同時，就會生起有害的驕傲感。當我們眼看他人事情進展得很順利時，內心的自負和自我珍視就會轉變為一股醋勁與嫉妒，使我們不開心。這一連串的心識運作過程是有害的，以長遠的角度來看也具有破壞性。

貪瞋癡

我們對於這個世界的一切念頭、感受與想法，都是構成心這部機器運作的齒輪。例如，儘管只是單純**喜歡**某樣東西，我們就已在忙著建構貪愛。另一方面，每當我們不喜歡某樣事物，就已經涉入某種細微的瞋恨，而每當我們有「不在乎」或「無所謂」的想法時，就是在助長自己的蒙昧和愚癡。最後，不論我們想什麼、怎麼想，都只有三種可能：喜歡、不喜歡、無所謂。我們應該明白，貪愛、瞋怒的究竟源頭是愚癡。這三點使我們迷妄的心更加迷妄，因此可以確定的是，將來我們的煩惱只會比現在更洶湧。

貪、瞋、癡使痛苦成為生命的必然。由貪、瞋、癡所衍生的煩惱越熾盛，我們對這個世界的感受就越悲慘。佛法的宇宙觀談到地獄道眾生所承受的痛苦極為劇烈、難忍。但是，若我們能持續累積良善的念頭，總有一天能體驗到如天人般的愉悅。然而，這些狀態都不是長久的，它們都是短暫的。就像所有因緣和合的事物一樣，天人的體驗也是無常的。只要是基於貪、瞋、癡所衍生的行為和念頭，必定會產

生痛苦。

最佳啓程點

　　佛教徒的功課就是要打破充滿無明與痛苦的生命輪迴。好消息是，身為人類的我們具有脫離輪迴的獨特機緣。怎麼說呢？佛法將世界分為三界：欲界、色界和無色界。作為人道的眾生，我們出生在欲界，自然會有痛苦與煩惱，居住在色界與無色界的眾生，則不會有這類感知，不過雖然他們所在的地方非常美妙，但就有效且意義深遠的修行而言，最理想之處還是在人道。

　　雖然人身會受制於五大元素的影響，心也會受各式煩惱所苦。然而，若能獲得強而有力的指導來引領我們邁向智慧，就能迅速發展出覺醒的勝妙功德。這樣的事情不會發生在天界，天人的身心或許莊嚴華美，但要從無明中覺醒，卻不是最理想的條件。這就是為什麼我們會說沒有比人道更好的去處。作為人道的眾生，我們擁有能獲得解脫的一切條件。不過我們還是要把握機緣，接受挑戰，否則只能在迷妄和痛苦中蹣跚而行，當此生結束，只能背負更沉重的無明與

痛苦離開人世。總之，我們未來的福祉取決於現在如何運用
法教。

希望和恐懼

我們為什麼會痛苦？痛苦是因為有期待與恐懼。任何帶
有希望與恐懼之處，痛苦將隨之而來。如果我們無法對當下
所擁有的一切感到知足與感恩，就會一直想要得到其他的東
西。同時，我們也會恐懼未知的事。我們感到痛苦，是因為
世事難料，沒有任何事情是確定無疑的。我們無法明確知道
接下來會發生什麼事情，甚至連接下來的五分鐘之內會如
何，我們都無從得知。

愛的匱乏

我們生活的時代，許多年輕人感到極度厭世，認為生活
空洞乏味，生命了無意義。有些人甚至主動結束自己的生
命，也有些人以毒品和酒精來麻痺自身的痛苦。這樣的問題
不在於他們缺乏教育或資源，而是無論情況如何，他們就是
深感煩悶與不快樂。還有一些孩子表現得冷漠與事不關己。

這點，現代科技要負部分責任。科技能幫助人類，但當電腦遊戲將暴力變成娛樂時，也可能帶來危害。不論如何，這些情形的根源皆是迷妄。迷妄源自於哪裡？源自於愛的匱乏。

膚淺

切記不要讓自己變成膚淺的修行人。宗教信仰很容易就會變成消遣娛樂，成為社交工具或認識新朋友的管道。建立溫馨的歸屬感，摻雜著些許的信心，到各處去參加宗教儀式，嘴裡唱和著優美的持誦──如果這就是我們趨入信仰的方式，那麼我們所做的任何事都只會流於膚淺的表面形式，我們將失去宗教的真正內涵。這類事情也發生在佛教徒的圈子裡。當然我並不是說大家都不用去管寺院、法本、唐卡、特殊裝束、念珠等諸如此類的東西，而是強調我們要記住，這些都是次要的，這一點很重要。

覺知

時刻保持覺知才是關鍵。這麼做會帶給我們許多機會。佛法有很多善巧法門，這些法門廣大而富有邏輯，其智慧有

如刀鋒般銳利。但我們卻經常不滿於自身所擁有的一切，轉而向外追求其他。我們在某種程度上被寵壞了。可悲的是，修行者經常與修行分道揚鑣，事情不應該這樣，修行者應該與修行密不可分，合而爲一。眞正的修行應該既不刻板，也不狂熱。眞正的修行是要時刻保持覺知，目的是爲了讓自己更平靜、更良善、更調柔、更放鬆、更有智慧。這些都是可以做到的。

被表象困住

若能憶持佛法的根本，我們的修持自然會認眞起來。我們必須知道修行的目的和重要性，否則很容易困在不重要的細節裡。眞正的修行不應該只是認爲佛法很有趣，或是單純透過閱讀佛法書籍和傾聽開示來獲得新知。眞正的修行也不是那些具有異國風情、五彩繽紛的宗教儀式。眞正的修行更不是知道如何正確擺放佛龕，外表穿著如何打扮，知道該說什麼、該有哪些行誼等。

我們很容易陷入這些表象當中；很容易就會忘記事情的重點。請不要誤解我的意思，我並不是說知道如何擺放佛龕

不好；事實上，知道這些事情非常好，但請不要被這些細節困住，而落入事情的表面層次。唯有當我們清楚知道佛法的關鍵要點且從不遺忘時，我們才算真正進入了修行。

中庸之道

要找到修行的方法並不困難。當我們聽聞開示、閱讀經文、思惟所學內容時，會發現佛法條理分明、富有邏輯。若我們有真實的興趣，想要理解佛法並不困難。困難之處是在於要把所學銘記在心，而非教法本身難以親近。相反的，在學習過程中，我們不會遭遇太多困難與考驗，這是因為佛法所著重的是平衡。佛陀一直強調，我們必須在僵化的苦修與享樂的渴求之間找到良好的平衡點。佛法教導我們的正是在這兩個端點間找到平衡，此乃一切教導的目的。

成長

為什麼將法教付諸實行，對我們而言如此困難？好像有些東西在扯我們後腿，使我們的修行無法卓然有成 —— 且讓我們想像一下，這「東西」似乎像一個特別頑固的深層障

礙。如果是這樣的話，我們很容易就能為自己的停滯不前找到藉口。然而，其實並沒有什麼深層的東西在阻止我們前進，僅只是我們的心尚不成熟、還很愚稚，如此而已。因為我們不夠成熟，所以不斷地被自身的體驗所矇騙。好消息是，一旦我們認知到自己是不成熟的，事情就有所轉圜了，我們就不會再被自己的體驗所愚弄了。

兩條道路

對許多人來說，聽聞與思惟是更加深入理解佛法見地的兩個主要方法。行者可以閱讀經文，參加佛法開示、講座，思惟其中所傳達的真理。然而，除了聞、思，還有第三種方法，一條可以讓我們走得更深遠的法道，那就是：我們必須和一位富有經驗且已了悟的上師建立個人連結。這位上師對弟子的情況與根器了然於心，能夠即時給予正確的口頭指導，一路引導弟子按部就班地進行修持直到覺醒。能夠認識這樣一位上師，並與之保持密切關係，實為稀有，亦極為殊勝。

對現代人而言，能夠一方面安頓好自己的生活，一方面

接近或待在這樣一位上師身邊，顯然非常困難。但就算我們在聞思方面做得再好，依然是不夠的，我們還需要有關於法教本身的切身體驗。目前已有許多上師透過網路傳授正統且具效益的禪修課程，如此大家便都有機會領受。學佛光是靠聽聞和思惟是不夠的，我們還需要透過禪修來獲得切身體驗。

福德

既然佛法這麼好，為什麼沒有更多人把握機會學習與實修呢？原因是我們還需要一些東西。那正是福德。福德是我們過去行持善業的結果。舉例而言，若是我們在過去世曾真心發願，希望能學習佛法，我們在今生就有可能具備這樣的福德。除非是基於這樣的願力，否則不可能基於偶然或一時運氣就遭逢佛法。在一切善緣聚合前，這是不可能發生的。值遇佛法，需要許許多多的福德與善緣。

一旦我們開始修持佛法，周遭的人很快就能看到我們的改變。既然如此，為什麼佛法沒有更普及呢？為什麼沒有更多人學佛呢？我們人類這麼聰明，如此重視教育和邏輯思考

能力，如今還有這麼多的工具和管道來幫助大家學習佛法。這樣看來，每個人都應該致力於學習與應用佛法才是，不是嗎？但事實並非如此，發現佛法並從中受益，是過去無數生世心智發展所累積出來的結果。在佛法裡，我們將此過程稱爲「**積累福德**」。

宗教與唯物主義

我們爲什麼會有痛苦？我們會有痛苦是因爲有恐懼、害怕與懷疑。我們爲了使人生有所保障，轉而求助於教育、金錢或宗教。從前的人依靠宗教來指引人生意義與方向，近來人們則依靠建構在物質層面的世界觀，這種世界觀以物質爲基礎、引導與依歸。不論我們所依靠的是宗教還是物質，其基本的依賴感是一樣的，我們總認爲有個在自身之外的東西，於究竟的層面能使一切立足與崩落。

妄念

我們必須明白佛法的重要性和修行的必要性。沒有佛法，我們就只能被自己的念頭與體驗所愚弄。沒有佛法，我

們就不能超越事情的表面而看到實相。沒有佛法，我們的觀點——對於這個世界、居住在世上的眾生、我們自己及自身感受的感知，都會停留在表面上。事實上，我們的痛苦、快樂及所體驗到的一切，都沒有一絲真實存在的基礎。但是由於不了解一切現象相互依存的本質及無常的道理，使得我們偏離了實相。簡言之，我們對現實的認知與事物本來的實相有著極大的差異。我們因妄念受苦，讓自己終其一生都如夢遊般度過，對周遭事情及未來方向一無所知。而佛法的目的，就是透過培養智慧，幫助我們打破目前的生活模式。

兩種瞭解

「法」（Dharma）這個詞有很多含義，其中一個含義是指「現象」，亦即我們能體驗到的事物。因此，當我們想要學習佛法時，等同我們想要去瞭解所體驗到的一切事物，其中包含事物所顯現出來的表相與其本然的實相。瞭解事物的實相極為重要，如果我們只關注事物的表相，將永遠無法知道實相為何，對事物的瞭解將一直停留在表面上。總之，如果我們想要培養洞見與智慧，就要同時考慮事物的表相與實

相。

　　因此，佛法講述了許多關於有情眾生如何組成與運作的概念與類別，從中我們能學習到構成身體與心識的不同元素、體驗的本質與此種體驗對存在事物所代表的含義，以及事物如何依賴因緣而出現等等。這類主題一般都講述得非常直接了當、簡單明瞭，所以不難理解。

一切皆有可能

　　然而，佛法裡的某些主題，則超過了我們能直接體驗的範疇，或者說超越了我們的理解能力。這些主題唯有覺醒之心－佛陀的心，才能完全了知。因果業報就是一個很好的例子。到底是哪些行為產生哪些業果？我們完全無法得知。雖然如此，關於業力我們還是可以參考自身經驗，試著回想一下自己過去的痛苦、快樂、悲傷、喜悅經驗，就會發現，事情能好到什麼程度，或是能差到什麼地步，似乎是永遠都說不準的。

　　我們也知道，自己所有的感受都不是永遠的。一切都在變化之中。某個事物這一刻還在，下一秒就不復存在了，緊

接著局勢就徹底改變。我們只要留心注意自身所經歷的事情，就可以明白這個道理。同樣一件事情對不同人，感受也會不一樣。比如說，對於身處類似天道境界的眾生而言，其感知到的世界就有如天堂般喜悅與美妙；相反的，對有些人而言，則有如地獄般痛苦與難熬。我們的心有著能經歷不同體驗的潛能。簡言之，這些佛法當中較不易察覺的主題，我們可以透過學習經典與觀察自身體驗來體會。

如何看待這個世界？

我們認為周遭的世界是真實、恆常的。我們認為一切外在事物都是真實在那裡，並且一直都在。但是，實際上這個世界並不是如其所顯現出來的那樣。所有事物連一瞬間的恆常都沒有。一切都在剎那、剎那改變著，但我們卻執持自己的感知是真實、正確的。我們越是落入這樣的感知當中，煩惱就越熾盛。我們越是被這樣的情緒所主導，生命就越痛苦。

換句話說，我們之所以會有這些問題，是因為我們認為這個世界及眾生都是恆常且獨立存在的。這種錯誤的認知讓

我們迷惑。我們該如何改變這種認知？接下來該如何去做？我們大可在念頭與情緒上努力，但只要我們的心識於根本上仍是迷妄的話，就不可能找到問題的最終解決方案。

怎樣幫助自己？

我們需要一個能徹底幫助我們斬斷將世間視為真實且恆常的方法。這個問題的核心正出在我們的無明，是無明將我們與他人區分開來，並深信自己和他人都是堅固、恆常且實存的。無明根深蒂固地黏著在我們身上。這就是為什麼我們要在自心當中尋找方法的原因。此二元對立的無明將我們的心一分為二，引發了一切煩惱情緒，因此我們只能用完全相反的方法來解決問題。

對治法就是非二元的覺知，儘管我們看不到它，但這份覺知實際上此刻就在我們內心裡面。我們對自己擁有什麼一無所知。請明白這一點：我們所有的問題都源自於心，從心著手是最好的解決方案，是我們的心創造了自身所有的迷妄與煩惱，因此解決方法，其對治法，能夠遠離一切迷妄、煩惱、痛苦及所有二元分別概念的解藥，此刻也在我們的內心

當中。這才是佛法眞正要談的：透過自心來解決問題。佛法有許多方式能幫助我們做到這點。例如我們可以讓自己變得更願意施予與分享。

施予與分享

當我們不願意與他人分享的時候，我們的心變得狹隘。吝嗇帶給我們一股緊繃感，使我們感到不自然，其結果是很痛苦的，我們的人生變得冥頑不靈。反之，若是我們能與他人分享，樂於施予的話，我們的心將立刻得到自由，就像魔法一樣不可思議。施予與分享能立即帶來開放、喜悅與自由的感覺。事實上，僅是擁有想要分享的心，就已經具有實際採取行動的力量了。

在禪修裡有一種法門叫做「**自他交換**」。在禪修時，我們觀想將自己最珍視的一切財物成就全部施予眾生。同時，眾生的一切問題，包括他們內心的憂苦與迷妄，則全部由我們承擔。如果我們能打開自己的心，發自內心眞誠地去做這樣的禪修練習，隨著如此慷慨佈施，我們自然能開展許多的善妙功德。這類自他交換訓練能讓我們了證萬法的實相，並

開顯生命核心的究竟智慧。

　　相反的，我們越無法施予、分享，想要證得萬法實相的機會就越渺茫，生活也會變得越痛苦。反之，隨著慳吝感的消失，我們將變得更柔韌與自在。我們的生活將更輕鬆，並且會發現自己的迷妄慢慢減少。很自然地，我們的心變得清朗、明晰。因此，歸根究底就是要應用正確的方便法門。善用正確的法門，能帶來顯著的效果，而佈施正是這樣的方便法門。

放手

　　另一個強大的方便法門是，斬斷那些經常束縛我們的繩索。若你總是覺得自己把某些東西抓在手裡，或是無法忍受失去某些事物等，凡是這種感受你都要試著放下，與其緊緊抓住，不如鬆開雙手，放下將使你的身心都受益。不要停留在需要擁有什麼才會幸福的想法上，放下這些，慷慨而為。就是現在，試著放手。放下的好處，馬上就會感受得到。

　　一旦我們放下所追逐的那些事物，徹底放下它們，不再有任何堅持和保留，我們就能體會到真實且直接的自由與快

樂。

無常教我們放手

當我們開始去挑戰過往將此世界誤以為真實長久的感知時，自然就有了放下的能力。世界是無常的，我們眼前的一切總有一天會消失。事情就是這麼簡單，一切都將終結、止滅。我們打從心底非常明白這一點，只是不願意去想它。事實上，萬事萬物都在剎那、剎那變化著。雖然如此，我們卻喜歡給這些非實存的事物貼上標籤：這些是我喜歡的，那些是我不愛的，我們把一切都看成恆久不變、獨立存在。若是我們能仔細觀察，就會發現沒有一項事物是真實存在的。

如果我們認真思考、運用理性的話，很快就能明白這個道理。但光是從智識上理解還不夠，必須轉化成真實體驗才行。否則，儘管我們理智上明白世間一切並非真實存在，但內心深處卻持續認為一切皆真實且堅固。我們必須理解，我們的感知僅只是感知而已，它們並非如實反映事物的本來實相。

開始有意義地思考

我們必須開始以更有意義的方式來思考。一旦如此，事情就會自動朝正確方向前進。有意義的思考是指，我們一定要牢記在心：沒有任何事物會長久不變，也沒有任何事物是如我們所感知的那樣存在。我們必須一再提醒自己，事實就是如此。若能這麼做，將能在修行上大步邁進。透過瞭解萬物無常與虛幻的本質，我們將能漸漸獲得自由，儘管我們的理解還停留在概念上，尚無個人的直接體驗，這點卻是無庸置疑的。

所謂的「自由」是指什麼呢？它指的是情緒對我們的影響力將逐漸減弱。一旦我們不再被自己的情緒所控制，雖然事情不若預期，我們也不會像過去一樣感到沮喪與痛苦。簡言之，若我們能以更有意義的方式思考，將為我們帶來廣大的實質效益。

三清淨觀

佛法中講述密續的法教，一般總稱為金剛乘，此乘對於

世界有其特定的觀點，稱爲「三清淨觀」。所謂三清淨觀是指行者必須培養的一種態度，也就是將自己的普通感知轉化爲證悟者或聖者的感知。此三清淨觀分別是：一切所見顯相皆爲清淨無染、一切所聞音聲皆爲咒語悅音、一切煩惱念頭皆爲智慧展現。作爲金剛乘修行者，我們應該運用這樣的態度來看待與體驗生命。

話雖如此，能抱持這樣的態度卻是極爲困難的，因此還有更簡單的方法，那就是憶念一切事物無常與虛幻的本質。無論我們經驗到什麼，都要謹記一切都是無常與無實的。任何時候，只要我們能憶念起萬法無常和虛幻的本質，就是在追隨佛陀的腳步，也是走在正確的法道上。我們必須敞開心胸，覺察我們本自擁有的一切良善特性。

聞思

偉大的印度大師龍樹菩薩曾說，佛法的教導向來都是基於相對實相（世俗諦）和究竟實相（勝義諦）這兩種實相。要是沒有人告訴我們有這兩種實相，也許我們永遠不會知道自己生命中的一切皆不是它們所顯現出來的那樣。這一點就

說明了學習佛陀言教並思惟其意義的重要性。但光是聽聞和思惟法教還不夠，我們還必須獲得直接且個人的體驗。

禪修體驗

由於解脫必須透過直接的體驗才能獲得，而禪修能為行者帶來體驗，所以它極為重要。禪修是通往覺受體驗的門戶。因此，佛法修持才會強調聞（聽聞）、思（思惟）和修（禪修）這三個學習面向。

禪修可以有許多形式。但是，如果我們的目的是為了理解相對實相和究竟實相，那麼我們的修行當然不必侷限在禪修墊上，還有許多方便法門可使用。這些方法差異甚鉅，其結果在不同人的身上往往也有顯著的差別。

觀修：帶著思惟作禪修

在這些方便法門裡，有一種特定的方法可使每個人都受益，那就是要認識到一切皆非恆常。我們本能地認為事物都會一樣，周遭的人也都會一直在身邊。但事情並非如此，如果可以的話，我們應該盡力去理解，事物並非如其表面所顯

現出來的那個樣子。儘管一開始會有些吃力，但對無常有些認識總是好的。其實我們只要稍微環顧四周，很容易就可以證明無常的道理。因此，首先我們必須要認識到無常，知道眼前這一切都不是長久的，接著只要一再想起這種理解，直到我們能深深體會一切事物確實是無常與轉瞬即逝的。那麼，這時就可以稱得上是真正的佛法禪修了。

當今有許多人把禪修與平靜放鬆地坐在蒲團上聯想在一起，因此當我們說思惟無常是一種禪修時，聽起來或許有些奇怪。然而，觀修無常、觀察一切現象的無常本質，在所有佛教傳統中都是非常重要的觀修法。

打擊

若是我們能認真思惟萬法的無常本質，結果會如何？若是我們能深切體認自己終將失去所愛、所重視和具有意義的一切時，結果將會如何？當我們明白不論我們如何精心照料自己、照顧彼此，哪怕是整個世界，遲早我們都要與之告別，結果又會如何？往往等到我們真正看清生命的事實，等到我們真正**到達**那個狀態，才會發現自己因那個結果而悲慟

不已，這樣的悽楚有可能比任何心碎的事還要痛苦，但這個打擊是必要的。

悲傷是一份禮物

　　思惟無常並不是要讓自己感到悲苦。但若是缺乏這種體認無常的悲痛，我們將永遠無法在法道上獲得進步。這份悲傷比任何我們所能獲得之物還要珍貴。這就是爲什麼我們要觀修無常的原因。如果沒有任何收穫，這樣的思惟就很愚蠢，只不過徒增痛苦罷了。但是，這一切都是有深刻意涵的，當我們開始看清這個世界的本來面目而感到悲傷難抑，接下來的事會自然發生。我們將得到一個結論：既然世事皆無常，就當學會要放下。

變得實際

　　我們漸漸能放下過往盲目追求的一切，放下那些曾蒙蔽、控制我們的事物。我們能透過難能可貴的善觀察之眼，發展放下的能力。我們很自然地學會放手，因爲**如今我們已明白**，不論自身意願爲何，我們遲早要被迫放下一切。於

是，這樣的體認使自身的執著開始鬆綁。除非我們能意識到無常，否則將繼續執著在那些終究會帶給我們痛苦、使我們生命了無意義的事物上面。另一方面，如果我們能理解沒有任何事物是長久的，一切都是無常、虛幻的，放手將會很容易。事實上，放手會毫不費力地發生。思惟無常與萬法虛幻的本質是非常有力的修持。

全新雙眼

理解無常不是什麼驚人壯舉，但卻戲劇性地、幾乎是神奇似地改變了我們對世界的看法，它使我們有能力去做過往認為不可能做到的事情，我們開始以全新的眼光看待周遭環境與自己。這種對未來深刻的轉變，正是一切佛法修行的核心。事實上，單從是否能經常憶念萬法的緣起無常，就可以衡量我們的修行是否有所進步。對大成就者而言，這樣的改變是自然發生的，因為他們已全然放下一切。

覺醒

我們開始覺醒，並且心想：**我在自欺欺人，過去我用來**

看待這個世界、周遭事物、自身情緒與自己的方式全是錯誤的，也帶來許多痛苦。那些我所擔心的、必須擁有的、無法失去的、試圖逃避的一切；正是那些東西困住了我。當我以錯誤的角度看待這些事物時，看到的並不是事物本來的實相，而我的所作所為也為自己帶來這麼多痛苦，正所謂自作孽，不可活。這樣的人生多麼的可悲與無意義！

解脫

接著我們決心要從這樣的認知中解脫，我們會說：我受夠了！從現在開始，我要看清事物的本來實相。我不想再做自身迷妄的奴隸。我知道自己對這個世界的認知完全偏離實相。我所有的白日夢與幻覺、所有的擔憂與恐懼，全都毫無意義！

當我們這樣想時，內心想要解脫的願望將變得更強烈。由此願望所啟動的力量，將成為開啟佛法廣大方便法門和寶藏的一把金鑰。

敞開心房

當我們深深明白一切事物都是無常與無實的時候，我們開始敞開自己的心，關注他人的痛苦。慈悲之所以更真誠、更具同理心，便是基於此。無論我們唱誦多少慈悲讚頌文，唯有深刻體認無常，慈悲的品德才能被喚醒而增盛。

從悲傷到力量

我們自身早已擁有許多良善品德，等待我們去發掘，然而關鍵要點在於，我們必須明白一切事物都是無常與無實的。當然，悲傷本身並不是目的，深刻的悲傷來自於我們體認到，自己從前視為永恆與真實的一切將不復存在，事實上它們從一開始就沒有存在過。這份悲愴與幻滅最終將帶來美好的結果，也就是使我們能夠放下。當我們不再追逐那些徒勞無功且終究為苦的人生目標時，我們將帶著強大的力量與決心，步上心靈修持的道路。

佛法的療癒力

聽聞佛法能使我們改變。在聽聞佛法後，我們經常能感受到深沉的喜悅，但卻也時常因迷惘與不確定而心生苦楚。雖然心情沈重，卻又同時覺得毋須難過，因為我們已經找到真正有用和有效的東西。佛法能治癒一切，它是最好的良藥，當我們汲取越多，對佛法的奇效就越有信心。當我們的心開始轉變，我們對法教的感激和欣賞就與日俱增。所謂直指萬法的無常自性，就是如此。這種了悟將撼動我們，把我們從夢中打醒。體認真相一開始會使人痛苦，但這份痛苦將帶來內在明性的初昇。

此刻，我們被深刻的喜悅所感動，心想：**終於，我明白萬事萬物運作的真理！這點帶給我的轉變好大。現在我知道如何根除迷妄與痛苦，也知道如何獲得自由、解脫。法道就在我面前敞開，我覺得自己是如此的富有。這真是美妙啊！**

成熟

在踏上法道後，我們的心會在喜悅與悲傷之間來回擺

盡。然而，不用擔心，這只是過程，這樣的過程會讓我們的心變得更成熟，並慢慢趨於更調柔、更靈活，就像孩子長大成人的過程一樣。然而如果我們想讓自己真正脫離初學者的角色，就要讓法教直擊我們的痛處。唯有放手讓法教刺穿我們的心，這樣的事情才有可能發生。

起起伏伏

要讓自己情緒失控，通常不需要太多東西——事實上，幾乎什麼都不需要。例如，我們只是變得稍微有點名氣，或是有人讚美我們，立刻有如置身天堂。手頭闊綽時，感覺自己就像人生勝利組，所向無敵。生活各方條件良好時，自我膨脹感便無限擴張；人生稍有缺憾時，立刻覺得生命黯淡無光。心情鬱悶時，覺得自己一事無成，是人生最大的輸家，因為我們就是沒辦法接受自己默默無名、無人關注、身無分文，必須等到所有情勢扭轉，我們才又感覺重新回到人生的顛峰。

我們可以將這樣的情形界定為喜怒無常，但實際上卻更像是一種躁鬱症：前一秒還站在雲端，下一秒就跌到谷底。

當事情如我們所願地發展時，我們感到心喜若狂，說著：
「是的！人生真好！我真棒！」但說真的，到底好在哪裡？
雖然我們現在感覺美好，但任何事、任何人隨時都有可能消
失不見。一旦興奮狂熱褪去，我們將再次變得沮喪憂鬱，失
去活下去的勇氣。

　　除非我們能覺醒，否則將一直在興奮躁狂與沮喪憂鬱之
間來回擺盪，沒有轉還餘地。我們都知道躁鬱是怎麼回事，
也清楚它的缺點。但是，當情緒牢牢箝制我們的時候，想要
不被情緒帶著走幾乎是不可能的。

愛與洞見

　　唯有愛與洞見可以治療躁鬱的症狀，愛與洞見是心靈成
熟的表徵。唯有將無常這個痛苦實相牢記在心，我們才能夠
成長。只要尚未認識到萬法的無常自性，我們就會繼續在這
種變化多端與不穩定狀態中打滾。擁抱無常，能將我們一棒
打醒，否則我們就像昏醉的酒鬼一樣，任由情緒宰割。覺知
無常促使我們步上法道，並得以在法道上前進。對一位佛法
修行者來說，無常是最大的啟發與激勵。

調伏自心

現在我們已明白無常的重要性。我們所居住的世界、我們的身體、錢財、名聲等等，一切都將消失無蹤。所有的事物無時無刻不在改變。那麼，我們該如何應對？答案是：放下一切，讓自己自由，不受外在條件所控制！

該怎麼做？跟修心有關。修什麼？根本在於改變、轉化。我們必須訓練自己的心，讓自己在身、語、意上徹底改變。萬法唯心造，我們眼底的一切皆是隨自心的變化而跌宕起伏，因此，要從意念上根本改變，這是我們的首要任務。

我們可能會說：「**我持誦完一百萬遍的咒語了！看看我進步多少！**」然而，我們真的可以透過計數來衡量修行的進步嗎？我們也許還會說：「**我每天打坐五個小時！**」當然，這種修持是可以的，但它是否就意味著我們已經轉變並且解脫了呢？答案是無法保證的。真正的修行是從內在發生的根本改變，使我們的心變得堅韌、調柔。在雪山岩洞裡打坐二十年，也很難說修行就有了「進展」。如果我們的心依然故步自封、冥頑不靈，還不如我們每天抽幾個小時好好思惟

無常，反而更好。

　　最後，調伏自心是自己的責任。沒有人能爲我們做這件事。哪怕是佛陀也不能。所以這就是爲什麼佛陀會說：「我能爲你指引解脫道路，但是否要追隨，取決於你自己。」

2 慈愛篇

表相和實相

學習佛法的目的是爲了體悟實相，看清一切事物的眞實本質。有了這份智慧，我們的所有煩惱與蓋障都將消融。雖然如此，我們還是要了解從他人的角度所看到的世界爲何。換句話說，我們必須明白這個錯綜複雜的世界，同時也不要忘記現象的本然實相。這是我們必須證得的洞見。

要能同時明白他人所見實相的樣貌和實相本身的眞實樣貌，這一點非常重要。我們必須了解他人如何認知這個世界，不能單純將他人的經驗歸納爲「有誤」，然後就此爲止。以覺醒的角度而言，普通人感知世界的方式確實有誤，但對我們而言，依然非常眞實。

姑且不論眾生有多迷妄，我們本能地相信自己所見所聞

都是真實的。這就是為什麼佛陀要宣說兩種真諦——表面相（世俗諦）和實際相（勝義諦）——的原因。表面相絕非無關緊要，因為世人直覺地認為那就是實際真相。

佛陀的道路

如果我們仔細去看，就會發現那些看來真實的事物，實際上並非真實存在。這樣的發現能讓我們洞悉萬法的本質。我們必須在兩者之間保持微妙的平衡：一方面承認事物表相的存在，一方面亦同時保持開放的心，隨時準備好認出事物的本然真相。

要怎麼樣才能做到這點呢？首先，要聆聽佛法的開示和解說，然後深入思惟這些法教，如此便能讓我們充分理解佛法的核心內容。下一步則是將我們所學到的知識應用在生活當中。我們必須在生活當中實際運用我們對法教的理解，這是唯一能獲得佛法直接經驗的方式，也是佛陀用來邁向洞見、開放與體悟的同一條道路。

教法與證法

　　我們應該接受什麼指導、採用哪些方便法門，取決於我們是誰，以及對我們來說最有效的方法是什麼。佛法有兩大類：教法與證法。教法，是世代相傳下來的佛陀言教；證法，則是經由研思、修持佛法而開顯出來的洞見。於是，首先我們要聽聞佛法，然後去檢視、思惟這些教義，最後將我們對法教的理解應用在生活的各個境遇中。為了使這個過程卓有成效，我們還需要遵守一些道德基礎和戒律規範。

誓願、道德和戒律

　　道德戒律，是指我們誓願盡可能以最有意義的方式生活。為了幫助我們完成這個過程，佛法提供不同程度的誓願。佛教的主要三乘法教 —— 小乘、大乘和金剛乘 —— 每個法乘皆有各自的誓願，佛法裡也有相關的鉅著專門講述此三乘的區分和誓願的詳解。

　　儘管如此，幸好我們可以用比較一般的字眼來描述這三種誓願，那就是：若能避免為他人帶來任何痛苦或傷害，即

為持守小乘的誓願。小乘誓願著重於獲得個人解脫。接著，若是不僅能避免傷害他人，還能為了他人的利益福祉而努力的話，便屬持守大乘的誓願。大乘誓願要將一切眾生都置於覺醒果位。最後，如果還能證得萬法根本清淨的自性，並能將這種體悟與生活融合在一起，乃是持守金剛乘的誓願。金剛乘誓願將使我們得以於此生獲致全然的覺醒。

不論是領受開示、思惟法教或將所學所知實際運用在生活當中，我們都應該盡力遵守以上三種誓願。

眾多法門

我們所接受的佛法開示和指導，必須適合各自的習性與領會能力。因為我們每個人看待這個世界的角度都不一樣，因此這些各別看法與觀念顯得相當重要。儘管世人對事物的實相認知有誤，但還是要將其觀點列入考量。這就是為什麼有這麼多佛教部派的原因。這些部派設法契合世人的不同興趣、信仰與根器。

立誓追求實相

人們經常會問我，佛法是否爲宗教或一門學問？佛法或許看起來像是宗教信仰或哲學思想。但實際上，兩者都不是，佛法既不是宗教，也不是哲學理論。佛法是對實相的追求。佛法的目的，是爲了讓我們明白並體驗萬法的本然實相。當我們致力追求這個目標時，便成爲佛教徒。佛法並非宗教或哲學研究，有些人將佛法視爲宗教，原因是佛教徒皈依佛、法、僧三寶。然而最終，我們尋求皈依的原因，是因爲我們要證悟萬法的實相。這就是爲什麼我們要仰賴佛陀——其乃智慧之源；仰賴佛法——其乃覺醒之法；仰賴僧伽——其乃致力追求了悟的修行團體。

一步一腳印

佛、法、僧三寶，是我們真正的依靠。無論我們有多健康、成功、富裕、聰慧、受人尊崇、名震一時，這些都無法成爲依靠；它們總有一天忽然化爲泡影，情況將有如天壤之別。我們非常清楚這一點，但卻寧願不想這些。如果有一天

當情況完全反轉時，我們該怎麼辦？當然，我們可以求天、求神明保佑，但如佛陀所言，我們不該抱持任何不切實際的期待。那時，我們能獲得的援助是非常有限的，即使是已然覺醒的佛陀也愛莫能助。

佛陀承諾爲我們指出一條從無明、迷妄、煩惱與痛苦中解脫出來的明路，其法教容易理解且相當實用，效果也明確可見。儘管如此，我們還是要做好自身的工作，因爲佛陀能教導我們如何去做，但他不能幫我們完成一切。世尊爲我們指引了法道，但此法道終究還是要靠我們自己一步一腳印地完成。事實就是如此。

宗教與科學

在當今這個時代，宗教變成相當敏感的議題。過去，宗教曾經在人們的生活中扮演重要的角色，但現在情況變得頗爲複雜：有些人認爲宗教是邪惡的；有些人則認爲宗教只是歷史的殘留物，與現代社會毫不相干；有些人甚至認爲宗教會控制人們的行爲，所以最好假裝是信徒，避免遭來非難。還有些人認爲自己的宗教凌駕於一切，只有他們的信仰才是

唯一的正確選擇，這些人通常對其他宗教所知有限，並堅持所有人都要接受他們的信仰。

　　許多宗教的普遍中心思想，都是在於相信有某種人類無法親身值遇而具有全能、全知力量的無形個體或原理，其不僅能看見我們的一言一行，通達我們的一切，還能施行不可思議的神蹟。另一方面，對於這個全能、全知的個體，世人既看不到也聽不到。長久以來，類似的想法深植在許多宗教當中，然而科學的興起，則對這樣的信念提出越來越多的挑戰。對一個相信科學的人來說，很難相信世間有無所不在的神或神力，因為其存在不合乎邏輯，又無法經由感官驗證。

　　科學的發明為我們帶來了非凡的改變與重要的發現，使我們的生活變得更舒適、便利。就連旅行這類的事情，科學便已為我們大幅省下了許多時間。科學不借助神力，便能帶給我們這麼多有用的東西，以至於讓我們很難不去相信科學。縱使我們試圖不去相信科學，科學性思考所帶來的巨大影響仍造成顯著的正面衝擊。

　　當然，科學也要對很多不幸的事情負責，想想那些致命武器的發明，這些東西在過去根本難以想像，現在卻成為世

界的一部分。儘管如此，許多人還是寧可相信科學，而不相信宗教。然而，對佛教徒而言，兩者毫不衝突——作為佛教徒，我們不是一直被鼓勵要仔細、客觀地檢視事物嗎？這一點不正是科學家們努力在進行的事嗎？

佛教沒有教條

我們必須審慎客觀地檢驗事物，其中當然也包括佛法。我們不能認為佛教是最高真理，因此對它有所質疑便是一種罪過。相反的，我們的任務就是要去評判。佛陀曾說：「比丘們，在聽聞我所說的話之後，一定要仔細地檢驗。要像技術嫻熟的金匠，不斷以鍛燒、切割、摩擦等方法試驗黃金的純度。不要只是出於尊敬，就接受了我的言教。」

佛陀告誡我們不要盲目地接受他的言教。佛教正因這一點而與許多宗教有所不同。有些宗教認為，質疑聖典是有罪的。有些宗教或許會鼓勵信徒檢驗一些事物，但也只能點到為止。如果越過了界線，很快就會發現無法繼續。

然而，佛教沒有這樣的界線，我們可以提出任何問題。佛教沒有不容質疑的教條。這正是佛陀法教與法道的特別之

處。學佛，是從觀察世界和自己開始，需要靠親身實踐和具體運用。

無常

例如，在觀察的過程中，我們可能會注意到，不論我們創建出什麼，瓦解只是時間的問題。大家都知道那種想要製造一些東西的衝動，我們也真的拼了命去實現自己的願望，然而無論我們技術有多麼善巧、工作有多麼勤奮，所創建、積聚出來的事物有多麼成功，其消逝只是早晚的問題。事情運行的道理就是這樣，對於這點我們無能為力。眾人相會，分離只是遲早的事。沒有任何人可以永遠在一起，銀行裡的存款總有一天也會沒了。這就是事物因緣和合的本質。

從搖籃到墓地

我們打從心底相當清楚明白：人在出生後，就面臨死亡。這點對所有人都一樣，任何來到這世間的人，注定會再離開世間。我們目前各自處在人生的不同階段，有人還很年輕，有人正值壯年，有些人步入老年，有些人則已到了詩詞

所形容的「日薄西山」階段。然而，沒有一個人真正知道自己究竟還剩下多少時光。死亡隨時都有可能降臨在任何人身上，這是肯定的，只是我們完全不知道它何時會來敲自己的門。我們唯一知道的事實是：有一天，我們也會離開人世。

起而行

許多佛教徒平常念茲在茲的事，其實並無特別之處，然而卻非常有益，因為它提醒我們應該在生命還有機會時做些什麼，否則在裹足不前中，時間悄然飛逝，生命不知不覺就結束了。體認無常促使我們把握機會，發現真理，了解佛法。佛法不是刻板的學術智識，而是能真正改變我們生命的道路。我們需要開展有助於從妄念與錯誤見解中解脫的洞見，以免它們繼續扭曲我們對事物的感知。我們需要有所突破，讓我們放下那些不斷將我們從某個悲慘處境推向另一個苦難處境的所有情緒。

自由

突破，正是佛陀言教所要傳達的軸心。佛陀爲我們揭示獲得真正自由的方法。真正自由是指全然的自由，能擺脫各種情緒的自由，能與眾生分享而不專屬於任何人的自由。佛陀爲我們指引出一條能將凡夫俗子轉化爲覺醒之佛的究竟道路。覺醒之佛是指，此人已戰勝所有應戰勝的，已成就所有應成就的，並擁有將此智慧傳給他人的能力。

變化　痛苦與行動

我們所體驗到的一切，無不處在變化的過程中。所有我們看到、聽到、聞到、嚐到或是觸摸到的東西，都在刹那、刹那間改變著。這也包括我們此生中所成就的一切，包括財富、受用、地位等。這些東西或許暫時屬於我們，但不久也會煙消雲散。這世上沒有一樣東西是我們真正能倚靠的，這點我們打從心底非常明白。

我們都知道一切因緣和合的事物皆無常（諸法無常），凡憑藉因緣存在的事物勢必會消失。話雖如此，這樣的思量

不禁讓人感到害怕。想到我們目前所珍視、摯愛的一切都將灰飛煙滅，絕對是苦澀又椎心的領悟。然而，這樣的領悟是必要的。它並非要讓我們滿腹憂傷、坐以待斃，而是要激勵我們捲起袖子來行動。領悟無常能促使我們邁向覺醒。

一方解藥

不論我們是否喜歡無常，萬物正是因為無常法則，才有存在的機會。這點我們必須謹記在心，因為世界就是這樣運作的。面對無常，行者有一方解藥：我們可以從自心著手，藉由改變影響自心的諸多條件，進而鬆綁過去不僅損人亦不利己的思惟模式。我們能做出正確抉擇，將無明這個建構出痛苦世界的主因加以根除。作為修行人，我們必須先釐清事實的真相，然後再根據事實行動。此乃修行人與一般人不同之處。

心靈修持

我們所有人遲早都要面對無常與變化。總有一天，這個世界會為我們揭示無常的一面，到時我們將親身經歷椎心刺

骨的事實。類似的遭遇通常會嚴重打擊著普通人，當然對修行者而言，也是極具考驗的境遇，但兩者的極大差異便在於，修行人知道如何面對這樣的處境，他們不只擁有對痛苦的領悟，他們還有解藥，此藥方就是心靈修持。

選擇權在你

修持的方法有很多。例如，我們可以培養對周遭事物少一點執著僵化、多一點敞開胸懷與樂於助人的心態，這便是簡單有效的解藥。這其中有一點很重要，我們必須理解，無論我們是不是修行人，世間無常的法則都不會改變，然而佛法修行人卻多了一項選擇：他們不必被痛苦所束縛、視痛苦為實，反而能將痛苦轉為道用。

鐵石心腸

當你了知自己周遭的一切都將消失，所有事物都不長久，此時你的感受如何？會讓你感到悲傷嗎？如果你心想：**「喔，好吧，那又能怎樣？世界就是這樣。」**如果你是這樣想，就表示你還沒有真正意識到無常的含義。如果你真正深

入思惟無常，就不可能不陷入深切的哀戚當中。如果事情正好相反，這世上一切都不會改變，那麼我們坐下來思惟一切都會消失，的確很荒謬。但事實上，我們只需要睜開眼睛環顧四周，就會知道情況並非如此。這一點毋庸置疑。

任何我們所看到、聽到、體驗到的一切，無時無刻不在改變著。我們時常聽到某某人生病了，某某人過世了，有什麼凋零了，有什麼消失了，又有什麼不在了。如果我們容許自己好好思考一下發生在每個人、每件事上的無常，一股深沉的悲傷會在心中蔓延開來。唯有鐵石心腸的人才會無動於衷。

憂鬱

我們都會聽到有人生病或過世的消息，或發現某些人突然就無法再和好相處，有東西毀壞了、碎裂了、崩解了。這一切的一切其背後隱含的因素都是無常。無常使人傷痛，但我們要明白這就是生命的實相。我們唯一能採取的對策是，發展出對生活既實用又有建設性的方法。實際上，如果我們對一切痛苦或悲傷麻木不仁的話，是沒有辦法找到方法的。

此外，深陷在痛苦之中無法自拔也是不對的，這表示我們將變得憂鬱，憂鬱只會使情況更加惡化。因此，我們需要一種方法，讓我們既能夠認出無常的真相，又能夠利用無常來作為開顯愛與洞見的助緣。

勇氣

對於眼前所發生的改變，我們首先需要擁有一種開放且誠實面對痛苦與悲傷的勇氣。所有事物，包括我們自己、周遭環境及我們所擁有的一切，都在變化當中。所有我們認識、摯愛或一起生活的人，都不會與我們常在。我們所珍視的物品，那些我們認為屬於自己的東西，甚至是我們的身份、地位，沒有一樣會恆久不變。事物都會改變，沒有人確切知道它們何時改變，又如何改變。這就是生命的基本事實。當變化迎面而來時，我們往往束手無策。因此，我們必須正視世界原本運行的法則，並且知曉如何有建設性地面對痛苦與無常。

痛苦

　　佛法裡談到很多關於痛苦的主題，但是人們經常誤解痛苦的眞正意義。痛苦不僅指生病、飢餓或貧窮。當然，這些是痛苦的某些層面，但就佛法的觀點來看，痛苦的含義是更爲深刻的。對佛教徒而言，眾生不論財富多寡、生病或健康，都是處於痛苦當中。痛苦意味著我們一而再、再而三地被希望與恐懼所控制。**這就是痛苦**！當我們頭腦清明時，就會意識到，自己就連接下來五分鐘之內會發生什麼事，也都一無所知。一切都是無法確定、難以預測的。我們從不知道生命爲我們預藏了什麼。

徒勞無功

　　只有一件事可以治癒痛苦，那就是修持。財富和名望解決不了這個問題。聰明、權力和影響力也幫不到我們。人類的歷史上有這麼多君主、皇帝、總統或國家元首，他們所統治的疆域如此遼闊，但最終都不得不向無常低頭。讓我們試想一下他們的感受，有些人甚至結束自己的性命。過去他們

廝殺戰場、統治疆土、叱吒風雲，最終又得到了什麼？他們什麼都沒能留住。對於無常，我們無能為力。不論是家人親友、功勳榮耀、聰明才智，沒有一樣東西可以保護我們。不論我們是醫生、科學家、政治人物或商人，在面對無常的時候，大家都必須屈服。唯一能幫助我們的是自己的心態，而這個心態可以藉由禪修而展開。

慌張不安

只要我們開始思惟無常，慌張不安的感受就會莫名襲來，我們會想：**有一天我將與我摯愛的一切分開！不論我創造了什麼、累積了什麼，全都留不住！一切都無法長久，靠什麼都沒用！**

想起這點真的令人難過，甚至會讓人心痛。我們寧願不去思惟，不去討論無常，我們寧可盡快忘掉這些。我們從來不想正視死亡、面對死亡或談論死亡！面對不愉快或痛苦的事，我們只希望它們立即消失。沒有人想抓住痛苦的源頭不放。反之，凡是能帶給我們喜悅、歡樂的事物，我們都想立刻擁有它，最好是能永遠持有。我們摘下鮮花，插在花瓶

裡，但是當這些花朵不再清新美麗的時候，我們便將之丟棄，因爲它們的醜陋讓我們感到厭惡，我們只想享受鮮花的美麗與芬芳。但是，要知道，醜陋不是突然降臨到花朵身上的。對於鮮花而言，正如它的美麗，醜陋、枯萎和腐爛的氣味也都本來就在花朵裡面。它們同樣都是無常的結果。

悲傷　吾友

若不練習禪修，無常將是最可怕的敵人；但若進行禪修，相同的無常則會變成我們最好的朋友。由於對無常的了解，我們找到內心的平靜。有了平等與安祥的心，我們自然有更大的能力去愛人和關懷他人。我們不僅能給予他人關愛，也能因而變得更良善、更願意回應，而更爲聰慧。直觀萬法實相的洞見，確實是從慈愛中開顯而來。愛，可以滋養智慧。

理解無常，是所有良善、安康、喜悅和美好事物的基礎。因此，無常將成爲我們最好的導師，是帶給我們最大鼓勵和啓發的泉源。無常這個詞通常涉及到感傷與痛苦，但如果這份傷懷能深植在我們的生命裡，我們一定能成爲修行者

的典範，這點是確定無疑的。相反的，如果我們只是偶爾感傷、時而傷春悲秋一下，那麼我們只是半調子的修行人。甚至在我們心中，悲傷的感受根本是微乎其微且極少出現的話，那麼我們充其量只是在某些場合於外表上看起來像修行人，但其實大多時候都沾不上邊。

若是我們忽視無常的本質，很容易就會與佛法斷了線。佛法將變得索然無味。事實上，忽視無常正是沒有修行的表徵。相反的，佛法修行人會持續提醒自己萬法無常，並感謝無常，因為他們明白，那份覺知是多麼的重要。因此，千萬不要低估體認無常的重要性，這是一個至關重要的課題。

堅定不移

對修行者而言，無常是良知益友，但對一般人來說，無常是不斷帶給他們傷害的頭號敵人。這就是為什麼思惟無常是如此重要的原因，我們必須將無常謹記在腦中、銘刻在心裡。我們要將無常視為上師、導師。一旦忘卻無常，我們很容易就會失去重點，受到許多事情干擾而分心散亂，看不見真正重要的東西，修持也變得三心二意、一曝十寒。

　　當我還小、仍在求學時，我的導師們總是會提到無常。這點經常讓我感到不自在和難過，我覺得這個議題既無聊又討厭，常常覺得不想再聽了。但如今，我才明白這些法教帶給我的益處。

信心

　　信心是個非常敏感的問題，大多數人可以接受慈悲的觀念，但是信心？——這就有待商榷了。我們為什麼需要信心？身為佛教徒，我們告訴彼此要對三寶有信心。信心始於信任，始於我們對某些事情有所領悟，所以產生信心。在佛法裡，我們必須對緣起法有所領悟，這樣的體悟自然會為我們帶來信心，一旦我們真正理解緣起，就不可能不生起信心。無論如何，信心都會在我們內心深處生起。緣起是關鍵的要素。

　　沒有宗教信仰的人往往會把信仰視為單純迷信。他們同情那些篤信宗教的人。相反的，有信仰的人也會對沒有信仰的人感到憐憫，認為他們就像失去靈魂的人。就這樣，大家互相都覺得對方很可惜。

佛教徒的信心則是介於兩種立場之間。佛教徒的信心是基於理解而生起，我們必須理解緣起與無常，而後才會有信心。因此，我們可以很簡單地說：佛教徒的信心來自於明白構成這些變化歷程的關係。

從無常到具有慈悲的智慧

　　我們已探討了無常，也知道當我們體認到包括自己與所愛一切都將灰飛煙滅時，是何等的哀傷。然而這份對無常的體認，也是帶領我們進入更深廣境界的門檻。我們之所以要將無常銘記在心，是因為我們需要藉由這份理解來激勵與引導自己。無常拉近了我們與他人之間的距離，當我們能體會所有人都受制於相同的殘酷現實時，將由衷地帶著情感來回應他人。有了這份對無常世界的體認，真正的大慈大悲才會生起。這份關鍵性的體認，為自心的完全敞開鋪好道路。當悲心的力量漸次提升，我們的心就更能體會深奧的空性之理——亦即萬法超越概念分別的真實自性。於是，悲傷與痛苦成為大慈的催化劑，而同體大悲的力量則促成我們對正見的了悟。唯有到那時，我們才真正成為佛的弟子。

無緣大慈和同體大悲

體認無常能使我們對一切眾生都抱持著慈悲的態度。真正的慈悲，不能針對特定人士、團體或某類眾生。真正的慈悲要能擁抱每一位眾生。它發自內心，無所不包，無有條件。我們的內心擁有越多的慈悲，就越容易看見事物的自性。直觀萬法自性的解脫洞見，實際上是由內向外開顯的。當了悟無常使我們獲得自由之時，我們的內心會自然湧現對眾生的慈悲之情，而真正的洞見將隨之延伸且增長。

本自擁有

真正的洞見是什麼？認出萬法自性這個實相的見地是什麼？我們真正的自性是什麼？事實上，我們的內在都具有覺醒的狀態，這是我們原本就擁有的。因此，當我們視佛陀為「覺醒者」的時候，實際上正是在談論我們一直都擁有的事物。這份覺醒的功德與智慧，是我們內在本來擁有、自然呈現的，只要透過正確的見地，我們就能認出它們。覺醒的體性並非身外之物，而是我們本自具有且永遠都不會丟失的，

即使我們想丟掉它都不可能。本具覺醒的狀態就在一切眾生的內在，不論他們是否認知到這點。

這就是正確見地、真正的洞見，但若想要開顯這種真正的洞見，就需要具備無緣大慈、同體大悲的心。如果能將無常銘記在心，這兩種功德將毋須費力而自然生起。如此一來，我們將會擁有正知見，也會變得有能力透過既善巧又慈悲的方式，將這份對解脫的了悟傳給他人。屆時，我們將心懷慈愛地成為所有眾生的僕人、救怙和朋友。要使這一切發生，就必須由我們自身來展開行動。

如何幫助他人

當我們談到慈悲，就要理解慈悲的深刻意涵。在佛法裡，我們行使慈悲的對象是一切眾生。而「一切」就是指全部，所有的眾生。我們該如何去幫助所有的眾生呢？首先我們要從實際能為他人做什麼來著手。且讓我們自問，我們能做什麼來幫助他人解除身體上或精神上的痛苦，以及我們能做什麼而為他人帶來快樂與安康，且不僅是現在，也包括長久的未來。如果想要修持對一切眾生的慈悲，就必須了解：

最好的方式便是透過培養智慧來幫助他們。

覺醒之心

其實我們能夠幫助他人的方式之一，就是單純如此地思惟：**我想要幫助全部的眾生，我想要讓所有的眾生都能從各種痛苦中解脫出來，我想要給予他們所有美好而有意義的東西。**

這種願心，被稱為「**覺醒之心**」，在梵文中，稱作「**菩提心**」，菩提心具有不可思議的力量。當我們開始以這種方式來思惟，當我們真心想去幫助和保護一切眾生時，我們所有的負面想法與煩惱都將自動消失。因為它們根本無法與菩提心共存。

只要生起菩提心，就沒有自私存在的空間。我們不可能會有嫉妒，也沒有辦法生起欺騙或與他人競爭的心。害心和瞋恨的基礎消失了。這種變化會自然發生且真實牢靠。粗重、負面的念頭和煩惱一旦消失，我們自然想要對他人有所幫助，並利益他人。

兩種思惟

我們總是有無止盡的念頭和感受在心中翻滾。各種無數的念頭和想法貫穿我們的腦海。但是在所有念頭當中，有兩個念頭是真正有意義的。一個是無常。思惟無常能幫助我們洗滌混亂的心思，讓我們用完全不同且真正具有建設性的方式去思考和感知這個世界。另一個是慈悲。慈悲具有不可思議的力量，且永遠不會讓我們步入歧途。慈悲能幫助我們淨除煩惱和不善的想法。佛法修行就在於體認無常，進而使慈悲周遍廣大、無所不在。

筆直大道

周遍廣大的慈悲具有驚人的力量。它所帶來的良善極為強大，大到無法想像。這就是為什麼覺醒之心和真誠幫助他人之心，被視為是法道上相當重要的因素，因為它能療癒和修復。當我們變得慈悲時，自私的習氣和負面的情緒都失去了支撐點。我們的心識得以淨化，並且能夠更具建設性地進行思考。覺醒之心能讓我們展開雙臂，關懷他人，給予他人

真正的幸福快樂，並且保護他人免於痛苦。

　　但是請記住一點，唯有當我們能對**所有的**眾生施予慈悲時，自身所有美好的品德才會彰顯出來。我們的慈悲不能只侷限於親友或原本關愛的人身上。我們一定要將慈悲延伸至每個人，包括陌生人，甚或是曾經傷害我們的人。如果可以做到這點，就再也沒有比這更好的生活方式了。**覺醒之心**具有無窮無盡的善妙功德，它能引領我們筆直地邁向解脫和真正覺醒的大道。

帶有智慧的慈悲

　　慈悲必須與智慧並行。不帶智慧的慈悲，很難真正利益他人。當然，我們可以用有限的方式去幫助他人，但卻無法帶來任何真正具備深遠意義的善果。唯有當慈悲與智慧結合且彼此滋養時，利他之行才能真正啟動。正如智慧需要仰賴愛與關懷來滋養與推動一樣，慈悲也應基於智慧與理解而生起、開顯。只有在這時，我們的修行才會真正有起色。

無邊的慈悲

　　無邊的慈悲不具任何限制且能包容一切，它擴及所有眾生。我們要如何理解這裡所說的「所有」呢？容我再次重申，「所有」就是指「**全部**」。若是我們能夠對**每一個眾生**都懷有慈悲心，那麼還有比這更真實、更真切的慈悲嗎？這樣的慈悲是我們必須要培養的，不論親疏遠近，不論對象是誰，唯有當我們能對每一個眾生都抱持平等的慈悲時，那時我們的修行才是純正的。但這樣的結果不會自動發生，作為初學者，我們必須致力於培養如此的胸襟，並時時警戒，確保它不會消失。

健康的心

　　我們修行的經驗越多，所需付出的努力就越少。若是我們想要積極地培養慈悲、在修行過程中時時保持覺知而戒慎行持，那麼自然得付出一番心力精進修持。然而，即使修行的過程需要磨練，我們仍要保持一種全然善美且健全積極的狀態。當我們的慈悲既溫暖又強大，那麼無論在我們面前的

是誰，內心都不會有一絲傷害的意念。所有傷害他人的意圖將消失不見。

我們所做的一切全都源自想要幫助和支持他人的心；我們唯一的盼望就是令他人從今而後永遠快樂。沒有邪念惡行，沒有負面想法。至此，我們終於擁有一顆健康的心，一個充滿善好功德的心識，如此便能使洞見自然彰顯。

自然而然的慈悲

當我們心中沒有任何負面、仇恨或自私意圖時，了悟力將自行展開，洞悉事物真實自性的洞見便自然顯現出來，無須多加費力。隨後，一旦我們能見到事物的實相，並覺知其自性時，我們將體驗到無與倫比的慈悲。涵攝一切的慈悲將毫不費力地自在生起。這就是教導中以許多優美方式所描述的境界，但在那時，慈悲乃是自然生起、自行展開。我們什麼都不需要做；無緣大慈和同體大悲在我們心中自然湧現。佛法所說的「大慈大悲」就是這個意思，而這也是我們要透過訓練所達至的境界。

那一件事

一般而言，不論是身體上還是精神上，我們都不太容易被困難給擊倒。因爲我們都太渴望幸福快樂了。眾生皆是如此，不論我們是誰，過著怎樣的生活，每個人都希望改善目前的生活情況；這點對非學佛者而言，尤其如此。但說實在的，不論學佛與否，大家都一樣，不是嗎？一旦我們發現有什麼可以讓我們快樂，便開始不屈不撓地朝著目標前進，儘管過程艱辛、路途遙遠，我們依然韌性十足、勇往直前，執意尋找幸福，不計任何代價。

有些人非常清楚哪些東西可以讓自己快樂，也許是某個頭銜，也許是名利地位、榮華富貴，也或許有些人只是想讓更多的人認識自己。但不論我們追求的是什麼，我們認爲就是除了那一件事外，沒有其他事務能令我們滿足。

矛盾與可悲

矛盾與可悲的是，我們一心所追求的那些幸福快樂，只會帶給我們痛苦與煩惱。在竭力達成目標的同時，我們將他

人視爲絆腳石，感到欲除之而後快，而做出令自己意想不到的事。是謂：爲達目的，不擇手段。

世間就是如此。有時候事情盡如人意，我們能獲得自己所想要的東西，但問題是，快樂總是非常短暫。我們辛勤努力、吃苦奮鬥，正當想要好好放鬆、享受辛勞的成果時，不知爲何，隱約中卻總有一種感覺，認爲苦日子才正要開始。這是因爲，沒有一件事是百分百確定的，無常是無情的。要維持某樣東西，並不比獲得它還更輕鬆；費盡心力獲得某樣東西，到頭來只換得痛苦與毫無意義，這不僅令人不滿，簡直是災難。我們非但不能好好享受，反而在獲得一心想要的東西後，時常處於警戒狀態，以防失去這些東西。

另一種會讓人生悲慘的事情是，我們總是本能地產生新的欲望和需求。一旦我們完成某件事，便立即開始思考還有什麼是我們一定要去獲得的。因此，我們永遠無法珍惜和享受當下。這就是人生的樣貌，至少對那些不知佛法修行爲何的人而言，人生便是如此。

不同的道路

　　佛法修行人也在尋找快樂，但他們同時會持守戒律並堅定不移。因此他們所尋找的快樂是不同的。佛法修行人尋找的是喜悅和快樂的**根源**，而這點可以從自身當中找到。喜悅和快樂有賴於三種內在品德，它們分別為：想要解脫的願望、慈愛與洞見。當我們心中具有這三個要素時，喜悅和快樂自然隨之而來。當希求解脫、慈愛和洞見成為內心的指引時，我們的人生旅程必定是一條快樂之道。

　　既然佛法修行者所追尋的是不同的快樂，他們所踏上的也是不同的道路。佛法不會把我們從上一個悲慘境界帶到下一個悲慘境界去。佛法的道路是從喜悅通往快樂，且這份快樂不是專屬於個人或自私的快樂。因佛法而生的喜悅，是基於一切眾生福祉而生的快樂。當我們仰仗愛與洞見來行持時，我們能確保自身的存在就能利益他人。我們的所作所為皆因溫暖、仁慈的心而起。我們希望眾生都能明白、體會那種遠離今後痛苦的真正快樂與自由之源，究竟具備哪些功德。

當慈悲變得確實無有分別、涵蓋一切時，將能防止我們以傷害他人的方式行事，而這也包括不傷害我們自己。憤怒、自私、傲慢和妒忌等負面情緒有如朝露在晨曦中散去。真誠的愛讓所有人都受益。當慈愛深植於我們心中時，不論對境為何，我們總是能作出正確決定，朝著正確方向前行。對所有人的關愛，永遠都是快樂的根源，不論現在或將來。

慈悲的功德

大悲心真實無欺，絕無偽善。大悲心無有傷害與欺騙。大悲心不帶任何煩惱或不可告人的目的，而是真心關愛著他人。大悲心永遠不會將我們帶入歧途。當大悲心湧現，我們便失去傷害他人的能力，我們的所做所為都是為了給予他人幫助、療癒和安慰。

慈悲是真實覺醒的泉源。真誠地關愛他人，具有淨除一切障礙、驅散所有煩惱的功德。慈悲可以解決一切問題，化解所有困境。總之，慈悲是一切良善的源頭。

前提要件

　為了使修持變得眞實有效，我們必須生起想要解脫的願望。這個願望能使我們脫離生死輪迴，並爲開展眞正的愛而立下基礎。當我們的慈悲變得長久、眞誠、清淨，覺醒的境地將有如旭日東昇般破曉而出。若無慈悲，我們的一切努力皆是徒勞。

鏡子上的污垢

　心若缺乏慈悲，就是不清淨的。此刻，我們的心就像一面佈滿塵垢和污痕的鏡子。當我們照鏡子時，影像總是模糊不清，但若將鏡子擦拭乾淨，很快就會知道，鏡子從來都是乾淨的。我們的心也是如此。心的眞實自性是清淨且明晰的。從微小昆蟲到覺醒佛陀，所有眾生的心性皆是如此。雖然心的自性清淨且明晰，但與覺醒佛陀的心不同的是，我們這顆清淨且明晰的心，不斷因各種煩惱而蒙上灰塵。若想除去這些污垢，就必須培養慈悲。

在生活中修行

　　我之前提到了悲傷和厭離如何幫助我們放下，脫離生死輪迴。那樣的悲傷是必要的，因為它能使我們內在更豐富、視野更寬廣。如此有益的悲傷，從思惟周遭一切事物的無常本質而生。同時，我也提過生起慈悲的重要性。我們值得花時間好好思惟慈悲，因為它將成為我們一切行為的基本動機。思惟慈悲不僅限於禪修墊上，在我們飲食、如廁、開心出遊時，工作、講電話、休息放鬆時，都必須懷抱慈悲。總歸一句，無論我們身在何處，都不要忘記修行！

　　時時刻刻都要謹記自己的修持。從早上醒來，直到上床睡覺，事實上就連在睡眠中也一樣。如此一來，你的身體將成為閉關房，你的心則在此關房中修持。要做到這點，我們必須覺察自心，因為心總是會變出新的把戲。我們的心總是被工作、娛樂、手機電腦及各種資訊填塞得壓力十足，於是我們去參加有關「正念」的講座。但究竟**保持正念**是什麼意思呢？保持正念就是要**提醒自己**。佛陀希望我們提醒自己記得什麼呢？記得愛與洞見。

正念　正知　正行

　　為了記得愛與洞見，我們需要三個輔助工具，也就是：正念、正知和正行。我們運用這三種方法修持，但同時必須知道它們並非修行的目的，而只是工具。正念是記得如何修持，正知是對周遭所發生的一切保持覺知，正行是對身、語、意的所作所為保持審慎取捨。

　　憑藉正念、正知和正行，使我們能看清楚無常，讓慈悲油然而生，並使我們的洞見變得牢靠真實。最後，便能生起想要獲得解脫的願望、慈愛和洞見，這才是我們的目的，也是佛陀法教的核心。正念、正知和正行是我們喚醒和強化這些重要品德的方法。

　　若能保持正念、正知和正行，我們會如何呢？我們將變得不再那麼困惑，並能更放鬆、更踏實。煩惱不再那麼頻繁地出現，我們也將變得更慈悲與具有洞見。

佛教式的「療法」？

　　佛法修持的效益極佳。只要我們以正確的方式踏出第一

步並循序漸進，佛法將發揮不可思議的力量。但若是脫離整個佛法脈絡，單從諸多法門擷取其中一個並大做文章的話，多半不會有什麼幫助。如此很容易就會失去眞正的重點。

　　不幸的是，近來這種情況相當普遍。人們偶然發現佛法中某個善巧方法，便將它拿來當做某種特別的「療法」而大肆渲染，故意省略修持的眞正核心重點與內容，使得這個善巧方法反而被當成一種具開創性的「科學」新發現。人們對這類事情趨之若鶩，如果運氣好的話，或許還可以藉此發達致富、名利雙收。這些佛法中的獨特方法，就在沒有任何佛法背景下傳達給普羅大眾，而教學者和受教者也都缺乏適當的訓練。這麼做，根本無法利益到任何人。

黑暗時代

　　佛陀曾授記將來會有「黑暗」時代（譯按：又稱「五濁惡世」或「末法時期」），那時自然元素將失去平衡，進而引發大型災害，出現新的疾病，發明新型武器等等。佛陀還提到，在黑暗時代裡，凡是自然與眞實的事物皆變得毫不重要，相反的，人爲和虛假的事物則普受推崇。這點不論人或

事物皆是如此。

如今我們生活的這個時代，凡是擁有良善健全品德、講述有意義事情的人，鮮少會受到重視。反觀那些身無長物的人，卻能對眾多簇擁者誇誇其談。人們對真實事物不感興趣，但若是拿出一些「**看起來**」很了不起的東西時，立刻就會大肆風行。我們所吃的食物也是一樣，很少有人會喜歡真實、天然的原料，人們反而更喜歡那些加工處理、人造，又便宜的產品。我們周遭到處充斥著虛假的廉價產物，而真實、純正、沒有污染的產物卻越來越少見。生活在二十一世紀的我們，喜歡把自己定義為現代、先進與文明。但老實說，什麼樣的文明會崇尚虛假、廉價和被污染的東西呢？

文明世界？

我們生活在一個漸受科技掌控的時代。我們在科技進步上投入這麼多的心力，以至於若缺乏這份舒適便捷，我們就無法生存。這是人類自己啟動了這個過程，現在只好拼命追趕科技的腳步。日復一日，我們變得越來越渺小，與現今所有強大武器所擁有的力量相比，人類什麼都不是，甚至比螞

蟻還要渺小。然而這些武器，並不是來自外太空的惡魔或外星人所製造的，恰恰是由像你我這樣的人類所生產的。

　　我們可能會說，這些武器是爲了要保護我們。但其實這樣說，是源於荒謬的信念，如果我們按下那顆紅色按鈕，其他人也會這麼做。我們轟炸他人，炸彈也會落在我們身上。這就是因果，並且將持續下去而沒有休止。那麼，我們應該怎麼做呢？只有一件事可以幫助我們，那就是：慈愛。慈愛，才是一個文明世界應該具備的基礎。

3 開放篇

無私

我想再次強調,在佛法修持上,擁有正確的發心有多麼重要。無論我們是在聽聞、持誦、修持、翻譯,或僅只是在幫忙的時候,只要是與佛法有關的,都應該以真心想幫助或保護他人為出發點而進行。不要期望獲得尊敬或讚美,不要想著累積福德。總之,不要期望得到任何回報。這樣講或許聽起來有些不合理,但我們越是不在乎他人的認可,就會得到越多認可,所獲得的回報也會越多。

心性

如今對佛法感興趣的人,有越來越多人渴望得到直指心性的教訣。人們或許曾透過網路或相關書籍得知這類教訣。

總之，我們經常聽到有關「直指」或「教訣」的公開討論，但老實說，人們通常不怎麼了解其真正含義為何。當人們到我尼泊爾的寺院拜訪我時，有時他們會跟我說：「請為我直指一下心性吧！我得搭明天早上的班機離開，所以時間有點趕！」這句話聽起來好像認為心性是一件特別的東西，有點像是某個旅遊景點，因此他們得趕在坐飛機離開前，看一眼才行。有時在其他場合，人們跟我說話就好像我是一名園丁，而心性是花園裡的一朵奇葩，他們很想要去看一看或聞一聞。

　　佛陀的法教是一整部講述萬法本然實相的系列性教導。到目前為止，我已講述了無常和痛苦，我們說任何事物都是不可靠的，所有事物都是不長久也不確定的，一切都在變化中。我們之所以花那麼多時間討論無常和痛苦，是因為過往我們看待生命的方式需要改變。若是我們能看見實相，這樣的改變就會自然發生。事實是沒有一件事物可以依賴，實相是一切事物都在剎那、剎那地改變著，包括我們的名聲、財富、權勢、健康、友誼，都一樣。形勢會改，時運會轉，一切都在變化中，無有例外。只要我們稍微停頓片刻，好好想

一想，會發現自己其實已經曉得這個生命的事實。這是無常法教已入心的象徵，而如今我們若已體認，這便是一項強而有力且至關重要的認知。

所以，且讓我們不要浪費生命去幻想：在某位上師直指心性後，我們從此就享有幸福快樂生活的神奇時刻。請不要誤解我的意思，我不是說心性指導不重要，它當然重要，事實上，它極為重要！但就是因為它太重要了，所以才應該要問問自己，我們是否真的明白無常與痛苦的重要性。我們是否實際領受了這份深奧的訊息，並將之銘記在心？若非如此，我們便無法從心性指導中受益，因為我們根本就還沒準備好。

謙遜

如今我們已獲得無常的法教，就需要依此修持。那麼，我們該如何將無常融入修行呢？答案是要將這一點時常謹記在心：沒有任何事物是可以倚賴與指望的。如此，將使我們變得謙遜而實事求是。這是根據我個人經歷的心得。

小時候，我和家人生活在藏區。那時寺院裡的僧人把我

當成佛一樣對待。我的母親總是告誡我說：「要小心，你還沒有完全證悟，除非你好好修行，否則後果不堪設想！」當然，那時我的確非常重視母親的話，但唯有等到我和家人在中共入藏時於一夕之間經歷重大變故後，我才眞正開始腳踏實地好好修行。那段時間的經歷使我成爲一個更好的修行人。如今回想起來，我其實非常感謝那段經歷，它爲我上了無常的一課。

換言之，請不要認爲你目前的環境條件永遠不會改變，因爲它們一定會改變。財富會耗盡。你也許還很年輕、健康，但是遲早，一場重病就能將我們擊倒——如果我們夠幸運還能活到那時的話。死亡隨時都會降臨，沒有任何事物是確定的，一切都在改變之中。當然，無常有時也意味著會更好——貧窮轉爲富裕，疾病亦可痊癒，但那也只是一時的，因爲一切事物都是暫時的，沒有任何東西會天長地久。儘管這麼說，如今我們有了讓自己更熟悉無常的機會，因爲此刻我們已**了知無常的道理**。

無足輕重

我們希望自己的存在具有遠大目的，然而實際上我們的人生其實相當平淡無奇。在我們出生後長大成人、上學、畢業、工作、賺錢，或許會成家，或許不會，也許有兒女，也許沒有；對所有人而言，大家基本的人生軌則都大同小異。我們談論天氣，參加重要會議，規劃未來，花錢購買想要的東西，人生就這樣過去了。若是我們能以修行來充實生命的話，就能超越此無足輕重的人生，賦予生命更深層的意義。

分心散亂

似乎隨著年紀增長，我們越成熟，擁有的時間就越少。人生的特快車不允許我們放慢腳步。我們的生活越進步、越文明，就越難以用自然的方式生活。我們對周遭世界視而不見，樹木、綠葉、鳥兒、花朵等，我們幾乎注意不到它們的存在。我們來去匆匆，鮮少真正活在當下，即便是與朋友家人在一起，也總是一心多用。甚至在我們難得休息的時候，拜那些我們發明的行動裝置所賜，總能確保我們處於忙

碌的狀態，使我們完全注意不到眼前所發生的事情。這就是二十一世紀的生活。既然如此，我們何不從種種自己創造的分心散亂裡，拿回些許的控制權呢？

從天神到物化

以往，人們與許多無形的眾生與天神共存。如今，我們用許多可衡量、可稱量或可計數的物品取代之。我們喜歡創造事物，擁有、建造和壯大之。然而，我們的希冀與恐懼卻從未減少。事實上，它們遠比過去還要強烈。我們的擔憂變得更多，而擔憂便是痛苦。在所有不同種類的痛苦當中，最嚴重的莫過於內心所承受的痛苦。

如果我們不夠謹慎，不能好好看清事物的實相，我們將很容易變得漠不關心、缺乏愛與信任。我們越是把自己所擁有的東西看得很重，我們與他人之間的關係就會越緊張。我們相信科技與金錢，遠勝於我們身邊的人事。我們執意於職場表現，卻遺忘了自己的家人。

快樂的敵人

這一切問題的核心，皆來自想要擁有事物的強烈欲望。如此強烈的欲求是快樂的頭號敵人，這股有害的衝動容易引發衝突與不和諧。不論是真實情況或單純比喻，慾望和自私都是帶來大規模毀滅的精神武器，進而撕毀我們的世界。佛陀曾告誡我們要防範慾望與自私，也向我們闡明慾望與自私的根源，並說明如何擺脫慾望和自私的束縛，如今就看我們是否要去學習和運用這些工具了。

自我欺瞞

我經常聽著人們談論心性指引時，他們口中的心性聽起來好像某種奇妙、神奇到令人難以置信的東西，甚至認為一旦獲得心性指引，其他什麼都不必了。從某個角度來講，這點當然是正確的。當一位具德上師為一位具格弟子指出心性時，其他真的什麼都不需要了。有時候，僅僅是上師和弟子的相遇，就足以使弟子認出心性，並且從此保任這份體認——即便這名弟子先前對佛法一無所知亦然。但像這樣的

例子，實在是比白天的星辰還要稀少。

　　這意思並非是說，像我們這樣的人不可能認出心性。相反的，這點是完全有可能的，只是，誠實一點面對自我會比較好。我們也許會從不同上師處聽到有關心性的開示，那些詩意盎然、字字斟酌的文詞，也許某部分正好引起我們的共鳴，但這是否就意味著我們已真正體驗到心性，並認出心性了呢？或者，那僅只是我們偶發的一個想法、念頭或情緒呢？指引心性對上師和弟子雙方來說，都必須是完全清晰無誤的。否則，我們就只是在欺騙自己，最終什麼都沒得到。

放下

　　關於無常的法教，相當重要。但學會面對無常，也同等重要。這是因為，體認到無常往往讓我們感到更痛苦。所以，現在是進行下一步指導的時候了。一旦認知到任何事物都不會天長地久時，我們應該怎麼做呢？有一個簡單有效的技巧，那就是：**放下。不要緊緊抓著不放。你放下的越多，傷痛就越少。若能完全放下，痛苦將不復存在；相反的，我握得越緊，痛苦就越深。**

這是一個極為簡單明瞭又十分有效的教訣。它不僅清楚易懂且容易掌握。而既然已經獲得指示，至於是否要運用此洞見，完全取決於自己。就從今天開始，不論任何情況，當我們面對任何事物的終盡、改變、老化或消失時，便不會無所適從而不知如何處理痛苦。「放下」是我們立即可為的，其價值比黃金還要珍貴。這是第一步。

良善的心

接下來是關於慈悲的教導。人人都需要慈悲。沒有慈悲，我們連自己都照顧不好。如果我們無法照顧自己，又如何能關愛他人呢？慈悲不只是宗教美德。大家都認同擁有良善的心非常重要，因此，持有這樣的觀點，不必非得相信佛、法、僧，也不必非得相信因果輪迴等。這點是人類的共識。

兩種愛

要怎麼樣才稱得上是具備「良善」的心？我們喜歡把愛掛在嘴邊，但那些愛只是華麗詞藻，在那些詞句背後，我們

的愛從來都是有條件的。凡俗、浪漫的愛其實相當自私：**我愛你，因為你愛我。**（如果你不愛我，我也不會愛你。）

佛陀所說的「大慈大悲」，這裡的「大」所指的是什麼呢？夜晚時分，四周漆黑一片，即使是微弱的光線也能閃爍發光，而世俗的愛就像黑夜中的一絲微光。黎明來臨，旭日東昇，燦爛的陽光照耀在我們每個人身上，大愛（大慈）就像明亮的太陽，再也沒有比太陽更耀眼的光芒了，就算是點亮世間的每一盞燭火與電燈，其光亮與太陽燦爛的光輝相比，全都黯淡無光。

大愛能發揮難以置信的力量與熱度，它能療癒、淨化，使一切有害情緒和障蔽內心的東西都不見。自我中心、貪愛、傲慢、懷疑和嫉妒都將消失，所有的良善品德將顯現。什麼是「所有的良善」？這指的是誠懇篤實、溫暖與關懷、洞見與智慧。當我們心中充滿真正、無條件的愛時，我們的心自然會誠懇、清淨。這樣的品德會自動發生，不論我們是誰、信仰什麼。

誰走在正道上？

　　擁有一顆清淨、慈愛的心，並不一定要有宗教信仰。我遇過很多沒有特定宗教信仰、也從未有過任何修行的人，卻是百分百的誠懇、眞摯。這樣的人無疑是走在正確道路上，他們的人生純淨、良善。我們可能會問，何以他們能如此誠懇眞摯？答案是，他們的心是清淨的。爲什麼他們的心是清淨的？因爲他們善於關懷、慈愛他人，不願意傷害、欺騙任何人，因此他們的人生是良善的，所以他們走在正確道路上。這只是單純的因果關係。

　　另一方面，我們或許篤信宗教、極爲虔誠、也願意犧牲自己，但卻可能苦於強大的我慢。我們內心驕傲自滿，自認比他人優秀、崇高。眼看他人成功，我們一肚子惱火，深感嫉妒。當我們得不到掌聲或肯定時，又覺得自己被忽視，認爲既然大家都不感激、不認同我所付出的一切，那我又何必多此一舉？儘管我們外表虔誠，做了很多善事，內心卻跟凡夫俗子沒兩樣。這就是我們之所以要明白何者爲正確道路的原因。

唯一的法道

　　不論任何時候、任何情況，我們都不能忘記修持。促使我們修持的動力是無常，而我們修持的方法是慈悲。唯有藉由慈悲和對實相的洞見，才能找到眞實長久的喜悅及自利利他的能力。快樂與快樂之因，是藉由慈悲和對萬法本然實相的洞見而生。除此之外，別無他法。

　　除非能明白這個關鍵道理，否則我們的痛苦將無法止息。不論我們擁有多少事物、他人如何尊敬我們，管它權力多大、生活有多奢華，痛苦就是生命的樣貌，與生俱來的缺陷。我們無法當下感到鬆坦，也無法感恩事物的原貌。是我們自身的貪、瞋、癡阻斷了快樂之路。

兩種快樂

　　我們都想要獲得快樂。當然，人們對於快樂的定義各有不同，但想要獲得快樂的基本願望是相同的。大致上，我們將快樂分爲兩種類型，分別是：有條件的快樂和無條件的快樂。無條件的快樂是指慈愛與洞見，是了悟萬法之大空性本

質後所自然生起的愛與智慧。

我們的心經常受到具毀滅性的負面情緒所染。只要有負面情緒，我們就不容易感到知足，總是認爲事情不如人意。財富、朋友、名聲，全都無法讓我們快樂。爲什麼快樂和無憂無慮會如此困難？爲什麼我們總是不能滿足於自己所擁有的？阻礙這一切的，是我們內心的瞋恨、貪欲和愚痴。

立竿見影

如果我們想要獲得內心的安樂，進而幫助其他所有的人，那麼只有一條道路可走，也就是慈愛和空性見，後者即是對萬法自性的洞見。這樣說，是不是指一旦我們步上這條道路，立刻就能得到快樂？立刻就能引導他人獲得快樂？不，我們還做不到。但只要我們踏上這條道路，有些事情**的確**會發生。因爲只要我們有慈、有悲，也能覺知空性，則根本不可能傷害他人，不論是直接或間接。

然而不僅如此，我們所做的一切也將自動對他人有益，不論直接或間接。實際執行起來其實非常簡單：幫助他人的意思是，給予他人需要的東西。這東西可能是具體的，例如

金錢或食物，也可能是抽象的，比如安全感或保護。而最珍貴的幫助，就是將佛法所教導我們的洞見傳給他人。

悲傷、愛和洞見

　　佛法對於造成快樂與痛苦的原因，有非常清楚的說明。佛法也為我們闡釋了如何超越痛苦，達到真實長久的安樂，以及如何與他人分享這份成就。藉由慈愛的發心及對實相的瞭解，我們能向他人解說無常的道理，這才是名副其實的分享。因為透過這樣的方式，我們便能幫助他人看穿自身的迷妄。

　　帶著對無常的體認，我們不可避免地會有錐心刺骨的幻滅，但這樣的過程是自然且必須的。我們不應該逃避，因為最終，愛將會從這樣的悲傷中生起，並為我們帶來對事物本然實相的洞見。

　　如此的品德和能力，是圓滿的喜悅和快樂之源，不僅對我們自己，對他人也是如此。這就是我們應該努力去分享和傳遞的品德。

菩薩之愛

印度大師寂天菩薩在講述覺醒之路的著名論釋中，將我們對他人的愛比喻爲菩薩的大愛，所謂菩薩是指步上慈悲覺醒之路的眾生。當我們愛著某人時，會竭盡所能地希望看到對方幸福，我們隨時願意提供對方幫助、保護和安慰。這就是愛，愛使我們有耐心，也帶來堅毅與安忍。

我們都知道要如何去愛一個人，因此我們可以用此認知來理解菩薩的含義。我們對他人的愛，與菩薩的愛之最大不同在於，菩薩的愛並不侷限於特定個人或群體。相反的，菩薩對一切眾生都懷抱深摯的愛，並致力於讓自己更明智、更溫暖、更慈愛。菩薩之道，是以利他爲發心，邁向智慧與了悟的旅程。

菩薩六學處

當我們能以菩薩的心去思考與行動時，接下來該如何？若我們能不斷發願，希望一切眾生皆具樂及樂因、皆離苦及苦因，接下來該做什麼？這時我們應該培養六種殊勝功德，

分別是：佈施、持戒、忍辱、精進、禪定與智慧。這些通常稱為「六度」。

一、佈施：

佈施是關於給予的修持，訓練我們能夠慷慨施予物品、食物、金錢、保護及關愛。佈施乃是源自愛，我們對自己所愛的人本來就會慷慨，所以佈施便是愛的自然表達。但菩薩與凡夫不同，菩薩對**所有人**都寬宏大量。在所有我們能給予他人的事物當中，法佈施是最為珍貴的。

二、持戒：

下一個是持戒，菩薩所持守的戒律是什麼？不傷害任何人，並竭盡所能地利益眾生，而遵循這樣的願望生活，即是菩薩戒。如此，戒律也是源自愛。當菩薩的身、語、意三門均持守這樣的戒律時，所有殊勝的功德將會綻放。

三、安忍：

愛即是安忍，菩薩的愛能夠承受一切艱難、失意、痛苦

與傷害。安忍是接受逆境、絕不退轉的能力。安忍能幫助我們的心趨向佛法。

四、精進：

精進是行善的喜悅。菩薩一心致力於培養修行途上必要的功德，包括解脫的願望、慈愛與洞見。這樣的過程必須由一股極大的喜悅來推動。

五、禪定：

禪定是指透過禪修來訓練自心。菩薩擁有平衡沉穩的心。心若能平靜自在，也會變得機敏靈活，具有達至善妙成就的能力。

六、智慧：

智慧（洞見）是經由佈施、持戒、忍辱、精進、禪定這前面五度的修持而生起的。智慧有雙重含義：覺知事物的表相和覺知事物的實相。自心經由修持而變得沉穩、機敏時，智慧的光芒便開始顯現。

四攝法

菩薩在與他人互動時，還會運用「**四攝法**」。第一是**佈施**，提供他人所需要的東西；第二是**愛語**，以柔和悅耳的方式說話；第三是**同事**，以適合聽眾根器與場合的方式說法；最後是**利行**，將言教融入身教。透過此四攝法，能讓他人自然地想接近我們，並進而爲傳播佛法建立良好的氛圍。

次第法道

菩薩道是一條具次第修行的法道。這條法道從利他的願望開始。只要發心眞誠，自然會對我們的行爲發揮影響作用。但是，我們需要注意，不要太過高估自己，而去做些自己還沒有準備好的事情。讓這個過程自然開展，讓我們的心不離法道。能持守這點是非常重要的，否則貪求速度，想一步登天的話，誰都無法受益。

就以無盡佈施的佛法典範爲例，在這種情況下，意指行者已準備好一切，連自己的身體都可以給予，而這樣的佈施不應該基於被迫之情。相反的，我們的佈施應該自然、輕

鬆。若是我們稍能釋放過去緊抓不放的事物，在訓練自己與他人分享的過程中，我們將變得越來越善於給予，也越來越明白佈施的利益。在不動聲色、平緩穩定的過程中，我們將具備行持更廣大善業的能力。如此的漸次修行方式，適用於所有得菩薩六學處。我們的修持不是爲了讓自己折背弓腰、疲憊不堪──它應該是穩定而自然的。

種子萌芽

體認無常是佛法修持的基礎。花時間去思惟一切和合事物皆屬無常，就好像耕耘自心的沃土，進而讓心田中本具的種子因此萌芽。慈悲則如同滋養種子的雨和水份。我們的心田藉由體認無常的整地耕耘，而後經慈悲的灌溉，洞見的苗芽方能萌發。隨著時間的推移，幼苗逐漸增長成三種功德，也就是：對無常的敏銳覺知，涵攝一切的慈悲，以及洞悉萬法實相的智慧。

幻滅

我們必須對無常保持覺知，體認一切都會消失不見，一

切都不可靠，這樣的覺悟將帶來極為震撼的絕望與沮喪。當我們的幻夢破碎，內心將生起一股受夠了的厭惡感，這股厭離感將增強並滋養我們想要解脫問題的決心。缺乏這股倦怠感，我們將失去目標，容易對修行感到懶惰與懈怠。因此，意識到繼續在輪迴中翻滾根本毫無意義，是至關重要的。

當我們不再揹負著幻覺，反而能開展出放下和解脫的能力，之所以會如此，是因為我們明白，這個世間以及所有眾生全都注定要消失。而且，不論我們獲得怎樣的成就，都不會長久。我們的情緒、念頭與想法也是一樣。一切都是暫時的，一切都是過渡、無常的。這樣的了悟將伴隨一股深刻的疲憊感而來，進而使我們最終能夠放下。還有什麼值得貪望與渴求的呢？突然間，我們的視野開闊了——於是也能放下了。

佛法中還有許多竅訣值得我們學習，但是，如果我們想要正視事物真相的話，體認無常乃是最佳途徑。

從愛到智慧

接下來，針對看清事物實相的下一步是，要認知到負面

情緒是一切惡行與痛苦的根源。造成我們痛苦與不幸的，正是我們的瞋恨、貪欲與愚痴。相反的，慈悲則是所有良善的根源。有了慈悲，我們的行為自然健康有益，我們的身心也會良好。只要我們的心是慈悲的，負面情緒就失去了立足點，當具破壞性的負面情緒消散時，內在本具的智慧就有了彰顯的空間。當我們了解並切身體會這個事實後，可說是已獲得關於事物實相的真正指引。

菩薩的發心

一旦體認無常，並開始慈悲對待眾生時，就是開始修持菩薩學處的時候了。如我們先前所瞭解的，菩薩學處要我們佈施、持戒、安忍、精進，並訓練自心，使其變得更加平穩與調柔。這些訓練的目標最終是為了獲得洞悉事物實相的智慧，同時為所有眾生的快樂和福祉而努力。一旦我們明白慈悲是諸善之根，具毀滅性的負面情緒為諸惡之源，就應當奉為圭臬而依此行持。不論身處何種境遇，不論面對何等人物，都要堅定不移地做出正確、具建設性且對他人有益的事情。總之，我們應當以修行來面對當下的一切。

同時，我們必須注意，不要期待獲得任何回報。否則，最終我們很容易認為自己非常特別，並認為自己為他人所做的一切善行，理當獲得報酬。然而，菩薩的殊勝之處正在於，他們**從不**期望獲得任何回報或感激。事實上，菩薩甚至不認為他們的行持是在積聚福德。

菩薩唯一的發心，就是我前面所提到的慈悲心懷。痛苦源於瞋恨、貪欲和愚痴，一切良善則源於慈悲。一旦我們將這個教訣謹記在心，就要對此付諸行動。菩薩付諸行動的方式，就是透過六度行持和四攝法。

警告標誌

達成菩薩學處的表徵是完全失去彼此較勁的心，也沒有嫉妒或傲慢等念頭。因此，當我們發現自己內心有嫉妒，或者對於比我們更慷慨、持戒更嚴謹、更有智慧的人感到惱火的話，可以確定我們的修行在某些方面出了問題。這樣的表現意味著，我們錯失了修行的要點。同樣的，如果我們覺得必須**贏過**同伴，或者鄙視不如自己的人，經常有優越感的話，那麼可以肯定的是，我們的修行必然有問題。只要有類

似的情況發生，我們就已失去修持的重點。

因材施教

　　人與人是不盡相同的，因此佛陀傳授了許多不同法教，根據受法聽眾的類別，說明各自相異的主題。有些人不須經過冗長、詳盡的學習就能精通其修持，他們自然就是準備好的。對其他人來說，可能要講得複雜些，還有些人則需要大量的指導與解釋。因為我們各有差別，所以佛陀針對不同根器的人給予不同的修持方法。

根除慾望

　　有些人在聽聞佛法後，認為既然慾望是造成毀滅性情緒和負面思惟的根源，那麼重點便在於根除個人欲求。他們認為慾望是修行路上最大的障礙，因此其修行著重於消除慾望。他們選擇過著簡單的生活，除了基本所需外，不積蓄任何事物。透過這種淡泊寡慾的生活方式，訓練自己不再對無常現象感到渴望與迷戀，並致力於開展看清事物本然實相的洞見，進而獲得無我或無執的了悟。這種獲得解脫智的方

法，是從有為法中證得解脫的一種方法。

菩薩道

　　另一系列的法教則涉及更敏銳的洞見，其修持更深奧、更具轉化力，也就是俗稱的大乘法教或菩薩道。大乘法教的目標是為了證得萬法之空性本質，並將這種了悟用來利益一切眾生。菩薩的主要修持為喚起菩提心。當行者逐步熟練其修持時，將會經驗到轉化，傳統上將這種轉化分為五個次第和十個階段，名為「五道十地」，此過程的終點便是完全覺醒的狀態，如此而構成菩薩邁向成佛的完整法道。當其他人著重於戰勝慾望時，菩薩道行者則致力於戰勝瞋心，並將一切毀滅性負面情緒轉化為積極正向的情緒。

金剛乘

　　目前，強調根除慾望法教的國家有斯里蘭卡、泰國和緬甸等。在這些國家，男女眾出家是為了訓練寡欲知足，並致力於修持禪定和智慧。強調慈悲入世的菩薩道則有日本、韓國和中國等不同傳統。然而還有第三條法道，稱為金剛乘或

密宗，在藏地特別廣傳。感謝過往祖師大德，使得今日的我們仍能領受金剛乘的獨特法教和修持法門。如今不論在這些法教源頭的印度，還是為利益後世而將此類教法鮮活保存並傳遞下來的藏地，這些修持法門和教訣都已帶來非凡的成就。金剛乘能使人憑藉少許的辛勞，而迅速獲至證悟。

四外加行（四共加行）

往昔的金剛乘上師，通常是以轉心四思量開始其修行。由於轉心四思量具有轉化我們思考人生和看待人生方式的力量，因此我們也應當誠懇且審慎地加以思索。

一、此刻我們所擁有的人身是一個寶貴的工具。（人身難得）

二、沒有任何事物是長久的，一切都在變化且最終都會消逝。（壽命無常）

三、所有業行都會產生業果。（因果不虛）

四、生命、死亡和再次投生都是痛苦。（輪迴過患）

如果能將轉心四思量銘記在心，我們就能訓練自己成為後續修行的具格法器。這就是為什麼轉心四思量的修持會被稱為四外加行的原因。

然而，在金剛乘中，同時要訓練自己視一切事物皆為清淨圓滿，這一點至關重要。這種清淨觀是金剛乘所有修持的基礎，因此我們必須恆時持有如此的甚深淨觀，即便是在修持外加行的轉心四思量時亦然。

正見

在我們進入內加行的講解前，先說明一些關於洞見（智慧）的主題會比較好。我們說從佛陀法教所獲得的洞見，即是洞悉萬法本然實相的智慧。我們也可以將這種洞見稱為「正見」。誠如前面所提到的，正見與是否理解緣起法有關。當一個人能完全理解緣起法時，自然就會擁有正見。我們說萬法皆無自性的道理，是因為一切事物都是憑藉因緣而生的。只要能理解這句話的含義，則不僅從智識上，也能於親身體驗中，擁有如此的正知見。

緣起法，亦稱十二緣起支，其中第一支為無明。藉由正

見，我們明白無明如何成為我們內心一切負面運作的基礎，以及它如何推動業行，從而將我們捆縛於因果業力的惡性循環之中。正見是切斷和消除自身根本無明的一種智識。這種智識能使我們擺脫出生、死亡和再次投生的痛苦循環，亦即從輪迴當中完全解脫。

四內加行（四不共加行）

修持四外加行能使我們的心變得更加堅強、靈活，使我們的心猶如一片沒有岩石雜草的沃土。在這片沃土上播種，種子將能發芽，並茁壯為高大的作物。當我們達到這個境地時，就是開始修持四內加行的時候了。

一、皈依發心

四內加行的第一項修持為皈依和發菩提心。在皈依佛、法、僧和發菩提心的同時，結合大禮拜修持。透過結合身與心的修持，來淨化此生及過去生，一切經由身體惡行所累積之惡業。當我們用身體表達禮敬與虔誠，並在心中皈依三寶和發菩提心時，惡業便得以淨化。皈依是解脫的根源；菩提

心是遍知（佛果）的根源。兩者相結合，就是四內加行的第一項修持。

二、修持金剛薩埵

這一項修持在於發揮淨化作用，只是重點在於淨化我們所有的惡語。此時，我們的目標是淨化此生與過去生，一切我們曾說過的傷害話語及造成衝突或不幸的話語。所有我們對語言的誤用，都將為我們的生命帶來負面影響，而這些影響將繼續在我們的身上發揮作用。雖然這些行為是經由語言所引起，但負面因子也會在我們的身心當中顯現。為了根除這些負面因子，我們透過觀修金剛薩埵來懺悔自己過去的惡業，並在持誦咒語的同時，觀想從金剛薩埵身上流出具治癒與淨化作用的甘露而進入我們的身體。

三、獻曼達

對金剛乘行者來說，獲得正見的方法便是透過四內加行中的第三項修持：獻曼達。這是一種象徵性的供養，有外、內、密三層含義。在外層次上，我們將世間所有善好、美

麗、健全的事物供養出去。在內層次上，我們供養自己的身體和福報。藉著外內兩種供養，我們能夠獲證萬法無有一切分別概念的本然實相。這種對萬法無有分別概念的了悟，本身就是密層次的供養，實際上也是最殊勝的供養。我們做這些供養的真正原因，是為了遠離那些阻礙我們開顯正見的錯誤觀念和見解。當我們對諸佛菩薩行供養時，能夠淨化那些因偏離實相、自我中心之思考和感知所累積的惡業。經由向證悟諸佛獻上三種層次的供養，我們能夠淨除自心一切惡業。此為金剛乘淨除心意遮障的方法。

四、上師相應法

內加行的最後一項，是將自心與上師智慧心融合的修持。這項修持是金剛乘所有修法的核心，能讓行者迅速且輕鬆地獲得巨大的成果。在此修持中，我們能得到根本上師和諸傳承祖師的加持。而經由這種方式，我們能與傳承的證悟智慧連結；這就是為什麼這項修持如此強大的原因。透過將我們的心與上師的心融合為一，我們能夠於自身體驗中，猛然而直接地了悟到萬法的本淨實相——而此關鍵洞見，乃是

金剛乘法教的核心。

在這項修持中，我們首先向自己的根本上師、傳承祖師及所有證悟者祈請，憶念他們於身、語、意所顯現的殊勝功德，並隨喜這些功德。其中尤其要隨喜其口訣教授的力量，因為只要我們能將這些口訣牢記於心，就能關愛且幫助一切眾生。接著，我們祈請這些上師賜予加持，使我們能了悟自心本性，並引領一切眾生獲得解脫和證悟。最後，我們從根本上師處獲得灌頂，並將自己的心與上師的智慧心融合為一。

淨觀

金剛乘有許多方便法門，但它們能否奏效，全都取決於行者能否視一切事物為圓滿且清淨。若能做到這一點，行者肯定可以從金剛乘的修持中獲得利益。然而可惜的是，沒有多少人有此福報。我們凡俗、無明的心識總是慣於產生不健康的思惟，我們也總是基於內心的貪、瞋、癡而採取行動。如果我們無法帶著對萬法皆清淨圓滿的理解來看待法教、上師和金剛道友，情況有可能會變得很糟糕。所以，一定要讓

自己遠離懷疑和邪見（錯誤的見地）。當然，我們不僅應該對法教、上師和金剛道友持有淨觀，對其他所有眾生也要持有淨觀。唯有這樣，我們的修持才會變得清淨、無染。究竟來說，這也是我們為什麼需要練習將自心與上師的智慧心相融之因。

進步的徵兆

修持加行既有益又實用。我們應該帶著開放與真誠的心來修持，不應該對加行的修持操之過急，也不能無限期地拖延進度。當我們開始修持時，會發現自心逐漸有了轉變，看待事物的方式和以往不同；清晰、溫暖和力量從內在綻放，我們變得更加平衡、更為調柔，衝動和情緒對我們的主宰力也減少了。漸漸地，我們變得更能關愛他人，更具虔誠，更有智慧。這些是在確實修持加行後，所能看到的最明顯徵兆。其他還有一些徵兆能顯示我們修持的效益，但都較為隱晦。例如，在夢中顯現的一些跡象便是屬於這一類。

灌頂

在完成內外加行的修持後，就算真正踏上金剛乘的法道，也是領受成熟灌頂和解脫口訣的時候了。此為金剛乘傳遞智慧的方式，能讓我們的心藉由灌頂而成熟，並經由口訣而解脫。

成熟灌頂為我們指出萬法的本然實相。正如先前所談的，我們應該將「**口訣教授**」和「**心性指引**」理解為引領行者直視事物本然實相的教授。在金剛乘中，這樣的指引通常是由具德上師透過給予弟子四種灌頂的儀式來完成，而每一種灌頂皆指引一種特定的洞見。這四種洞見分別為：

一切顯相都是眼見之空性。（色空不二）
一切聲音都是耳聞之空性。（聲空不二）
一切感受都是大樂之空性。（樂空不二）
一切概念都是離念之覺醒。（明空不二）

前兩者表示任何我們所看到和聽到的，都與空性無二無

別。這點在大乘法教中也是如此闡釋，唯不同之處在於，大乘法教乃透過哲學思辨來傳達要點，而在金剛乘中，則是透過儀軌法門來傳遞對這些洞見的眞實體驗。

第三灌頂所揭示的是，一切感官感受都是大樂之空性。在這裡，我們運用身體中微細的脈、氣、明點來促成對此的了悟：一切感官感受，不論樂、苦，還是不苦不樂，無非都是大樂。與前兩種灌頂不同的是，第三灌頂是金剛乘所特有的。第四灌頂也是金剛乘所獨有的，它揭示念頭的眞實自性即爲本初離念之覺醒。念頭的本質即爲離念之覺醒。當上師爲我們指出這一點時，我們能夠直接認出念頭的本質就是智慧。

在金剛乘中，有許許多多的修持和方法。第四、也是最後一種灌頂的見地，乃爲所有金剛乘修法中的巔峰。它讓我們直視念頭的眞實本質 —— 我們體驗到念頭的本質即爲離念之覺醒。然而，關鍵在於我們的體驗必須是眞實的；否則它無法達至眞實的了悟。如果我們僅用智識去理解第四灌頂並且誤解它的重要性，那麼法道將會就此關閉。如果我們相信自己已體驗到萬法實相，而實際上並非如此的話，那麼由

於我們往後的所有修持都是基於錯誤的前提而展開，我們的法道便會窒礙難行。

誤解空性

我們必須明白正確見地的內涵。見地是我們修行的基礎。我們對見地的理解，決定了修持是否無誤與眞實。如果我們擁有錯誤的見地，那麼我們的修持也會全盤皆錯。事實上，誤認自己已經理解，正是一種誤解。例如，在學佛過程中，可能會出現一種情形，那就是我們自認爲對空性已有完美的領會，但那其實只是智識上的理解，這種理解與眞實體證的洞見相比，其深度差距甚遠。如果對這種誤解不加檢視，我們的修行將會退轉成一種只是反覆咀嚼一套既定概念的習慣，心靈修持也因而卡住。爲了獲得對空性的眞實領會，我們必須從已具眞實體驗空性的了悟上師處，直接領受口訣指引。

誤解心性

就像我們會誤解空性一樣，我們對心性也同樣會產生誤

解。例如，我們或許自認已知道如何保任對心性的認出，但實際卻非這麼一回事。我們可能以為，只要在念頭來去時，對念頭保持覺知，即是保任對心性的認出。因此，我們只要坐著觀看自己的念頭，試著監控每一個小小的衝動與感受。但不幸的是，這與認出心性毫無關係。

誤解覺醒

同樣的，我們也會對心的本然覺醒產生誤解。當我們聽到了悟本然之覺醒與認出離念之覺醒有關時，可能會覺得，我們只要確保自己沒有任何念頭就可以了。但僅是沒有念頭，顯然並不等於了悟離念之覺醒。離念之覺醒，是光明、敏銳、清晰和直接的。如果我們希望修持而認出離念之覺醒，它應該是自然顯露的。換句話說，關鍵在於看見事物的本然。否則，我們對覺醒的誤解會將我們迅速帶入死胡同裡。

無上的引導

加行的修持能把我們從死胡同裡解救出來。這也是為什

麼我們需要領受佛法的教導，以及為什麼佛陀的言教能被世代相傳，也是我們至今仍在研讀經典的原因。口訣教授具有同樣的功效，但關鍵是，我們必須從一位已體現此洞見與經驗又可傳授口訣的上師處領受教導。換言之，我們的上師必須已了悟實相自性，且因其基於自身經驗來傳授而值得信賴。這樣的上師可以毫無錯謬地給予我們指導，確保我們不會產生誤解。這就是為什麼遇見一位具德上師，並在我們對於法教徹底明瞭之前都與其保持連結，是如此重要的原因。

特殊的法道

　　佛法的各個宗門都致力於獲得正見。然而，如今似乎有許多人對金剛乘的法教特別感興趣。這無疑是因為金剛乘並不要求我們放棄生活中的享樂和受用所致。事實上，在金剛乘中，這些享樂和受用被認為是覺醒的法道。貪、瞋、癡、慢、嫉此五毒，被看作是即身證悟的法道。輪迴，則被認為是覺醒本身。

安止之心

如果我們想要以五毒作為即身證悟的法道，那麼就需要具有正見，且修持必須相應於一切事物的本始清淨。一切皆立足、包含於我們對心性的認識和對正見的認知。為了獲得正見，有很多的方法可以運用。

舉例來說，有一種可以獲得正見的善巧法門，便是使我們的心放鬆與平靜。當心沈穩時，我們將更容易獲得正見。同時，我們必須明白，這個善巧只是一種方法和手段，而不是目標本身。**安止之心並不等同於解脫**。但除非我們的心是沈穩的，否則便無法開顯了悟萬法實相的能力。這就是為什麼有時候我們會說，洞見有賴於安止之心。

如果你拿著一杯渾濁的水，不停地攪動它，這杯水將永遠無法變得清澈。但如果你停止攪動，那麼水中雜質將慢慢沈澱到底部，最後水將變得完全清澈。我們的心也是一樣，當我們停止給念頭添加薪柴，就讓心沈澱下來，心將會自己清除一切。

本然無造作

　　讓心安止的方法有很多，在金剛乘裡則有一種特別有用的方法，稱作「**本然無造作**」。這種禪修方式非常簡單。我們所要做的就只是讓心保持在本然狀態：

　　不造作，也不壓制任何事情。讓心保持當下這一刻的狀態——法爾如是，全然離於希求或期待。

　　這聽起來簡單明瞭——它真的就這麼簡單。但因為我們有個總是要做些什麼的習性，而此習性又如此根深蒂固，以至於什麼都不用做變得相當困難。因此，我們必須保持覺知，不斷提醒自己：沒有什麼要做的。當我們記得只是讓心保持在如是的狀態時，它就會進入一種自然的平衡。這種安止是最好的安止。由此，真實的洞見將逐漸開顯。

法門與了悟

　　一旦心能放鬆、歇息，就會有空間讓真正的智慧得以開

顯。因此，對我們來說，知道如何讓心平靜下來是很重要的。為了達到心的安止，再也沒有比單純自然安住於當下這一刻更好的方法了。但要記住：這只是一種方法，而不是目標本身！讓心安住於本然無造作的狀態，並不等同於了悟心性。它是通往了悟、智慧與洞見的入口，**但它不等同於了悟**。明白兩者的差別是非常重要的。讓心安住於本然無造作的狀態，是促使智慧生起的方法。讓心自然休息，安於法爾如是，此時要認出心性，一點都不困難。

殊途同歸

要安住於無造作的本然狀態並認出心性，我們有許多方法可以運用。不少的修持都能幫助我們淨除心的遮障，帶來適當的條件。而所有這些法門、修持，聞、思、修、行等，都只有一個目標，那就是幫助我們認出心性。這就是為什麼我們要向證悟上師祈請加持和幫助的原因。這也是為什麼我們要將自心與上師證悟心無別相融的原因。這些修持的目的唯有一個——為了讓我們認出心性。

獨自閉關

　　如果你想要了悟心性，那麼花時間待在一個沒有干擾的
蘭若靜處將有所助益。找個偏僻之所，讓自己可以遠離世間
俗務，專修佛法，這樣的地方是上上選。在那裡，你可以放
下日常生活的種種煩憂和操心，而將時間花在真正重要的事
情上。過去的上師們都是這樣做的，我們也應當如此。作為
初學者，除非我們能夠拿出專門的時間來修持，否則要在修
行上取得進步幾乎是不可能的。我們需要抽出時間來閉關，
這是促使修行進步並且獲得動力的一種方法。藏傳佛教的傳
統是建議我們要做三年的閉關。如果不可能的話，那麼可以
試著每年做幾個月的閉關。至少每年都該進行兩到三週的閉
關，如果還是不行的話，任何長時間的閉關都是有益的。

自己的時間　自己的選擇

　　如果我們無法訂下修持的時間，那麼便需坦誠地面對自
己，並認知到此生所擁有的暇滿機緣是如此難得可貴。此刻
我們仍然活著，但不論我們願不願意接受，我們的生命正在

流逝。每過一天，我們的生命就減少一天。不論我們決定如何過自己的人生，它終將晃眼即逝。

也許你的生活忙碌，被許多工作纏身。也許你覺得自己的人生背負許多期待。但是你的餘生真的已經排滿行事曆了嗎？難道你對如何使用自己的時間沒有任何決定權嗎？仔細想想看，你每天真的沒有任何空閒時間嗎？你當然有。事實上，我們對自己的人生規劃是有極大影響力的。所以現在何不運用自己的影響力，安排時間去修持呢？如果你能待在一個有利修持、少於分心的地方一段時間，將讓你在法道上進展甚多。

無關乎看

一旦我們待在可以全心全意專注修行的地方，心就能夠平靜安止。如此一來，心放鬆了，就可以開展出對自心本性的洞見。當我們的身、語、意安住於本然狀態時，應該這樣提醒自己：「**見地**」無關乎看，因此要放棄「看」的動作！

當我們把這個竅訣牢記於心時，將會如何呢？當心安住於本然無造作狀態時，我們要提醒自己，正見是無法被製造

或開發出來的。那麼，除了放下所有參考點，包括放下想要獲得正見的本身，我們還能夠做什麼？當一切造作努力和所有參考點都放下時，心的本性就會赤裸顯露，內心對於正見的了悟也會自動生起。

心知肚明

其實我們都心知肚明，除非我們安排時間實際修持，否則永遠都無法有任何成果。明明知道某件事非常重要，卻刻意忽視它，不僅毫無意義，也相當矛盾。就好像有人來到大湖邊，卻渴死一樣。請將這個極佳的比喻牢記於心。

心識的捆綁

正見是通往解脫的大門。促使我們在輪迴當中流轉的這顆無明之心，是由念頭所產生的。我們的念頭是煩惱的基礎，而煩惱是驅動迷妄並造成所有痛苦與不幸的原因。「念想」就是指我們的執取心。「念想」是指我們的心鎖定在某件事物上而無法放下。無法放下的執取心，就是所有問題的根源。

這是非常重要的一點。如果念頭是導致問題的成因,如果念頭**真的是**問題的話,那麼對治念頭本身就不是有效的解決之道,不論我們有多麼善於保持專注或引導自己的注意力也不是重點,因為問題就是從那兒開始的——陷於心識的捆綁之中,正是麻煩所在。

離念之覺醒

唯有徹底離於分別概念,才能使我們解脫。我們的覺醒必須全然清明且離念。因此,沒有任何禪修訓練真正能派上用場,因為根本不需要記住什麼,也不需要專注於什麼,更不需要將我們的注意力導向哪個地方。放下禪修的念頭,你將不再因禪修而分心。

離念之覺醒能消融無明、二元之心對我們的束縛。離念之覺醒能摧毀凡俗心識的運作常規,且超越主體、客體和行為(作者、受者、所作)。離念之覺醒,無法以念頭來執取。從字面意義就能相當明白,它是**難以思忖**的。儘管如此,我們仍可訓練自己的心識去認出它。而在所有可運用的法門中,讓心安住於本然無造作是最佳的方式之一。

我們的眞實自性

　　我已經說過很多次，我們必須明白，一切和合事物都是無常的，因此要看穿一切愚弄我們的騙局。當我們這樣做時，就很難不對眼前的一切感到厭離。伴隨著厭惡感與幻滅感，一種想要解脫的願望於焉燃起。對解脫的強烈渴望，激勵著我們的所做所爲。無常使人痛苦，我們思惟死亡和壞滅的原因，並不是因爲我們喜歡沮喪，而是因爲它能給予我們用慈悲看待這個世界的勇氣與力量。慈悲能療癒心靈。當我們以充滿慈愛的眼睛去看這個世界時，所有不善的念頭和情緒都將自然消失。

　　因此，慈悲能提昇我們的理解和修持。這個教示告訴我們，要放下對二元分別之心的執持。從分別心鬆綁的那一刻起，我們體會到覺醒，也就是一切眾生的眞實自性、我們的本來面目。當分別心暫時停止運作，二元感知的串習崩塌時，我們就會直接經驗到覺醒的狀態。

　　我們的禪修是無造作的本然。記住那杯濁水的例子，如果你不攪動，水會自己變得清澈。心也是一樣。如果我們不

讓心識處於忙碌的狀態，它會自行穩定，自心本性也將顯露。

如天空般全然開放

要怎麼做才能成為真正的金剛乘行者呢？這完全取決於我們的心和心識。我們的心必須轉化成修行者的心——變得廣大開放，徹底脫離念想的小小牢籠。我們的心必須是無邊無礙的，就像開闊的天空一樣。這是修行的方法。心識已然鬆開對事物的支配，不再抓取任何東西，也沒有任何抓取者。這是最完美的修行方法。最後，就只會剩下智慧，也就是無濁無染的清淨覺醒。**這份智慧**，即為體察萬法實相的洞見，也就是本然的清淨覺醒。如此的洞見有別於其他各種型態的理解和認識，因為彼時彼刻，我們見到並認出萬法實相，法爾如是。此即為一切眾生的真實自性，也是諸佛的證悟。

超越希望和恐懼

當分別心鬆開了支配，本初的狀態便會出現，所有我們曾聽聞過的眾多善妙功德也有了得以開顯的空間。諸佛的無

盡慈悲，以及見到萬法並了悟萬法眞實自性的智慧（盡所有智與如所有智）——所有這些功德都會從離念之覺醒中顯現。不再有什麼需要盼望，也不再有什麼需要恐懼。我們已經掙脫概念思惟的種種鎖鏈。西藏大師果倉巴曾說過：「凡夫者之心，非他即佛智，不假善知識，自證即了得。」

佛法精要

　　我們必須修持佛法的心要。這也是我一直努力而爲的，雖然不見得都能達到這個目標，但就是盡己所能。以下的三句教言，囊括了佛法的所有精要：

　　了知世間無常且時間短暫，因而減少執著且學會放下。

　　將一切眾生視爲父母，毫無疲厭地修持佈施、持戒、忍辱、精進、禪定和智慧。

　　自心本性即爲圓滿覺醒——理解、體會並了悟之。

還有第四句教言，只見於金剛乘中。那就是，要尋找一位能夠為我們指引心性的人，一位具有經驗且真誠正直的上師。這樣的上師能帶領我們直接見到心性，當那一刻發生時，所有的障礙都將崩解。認識這樣一位上師，是所有不可思議的能量和力量之源。因此，第四個也是最後一句的教言便是：

視師為佛，將自心與上師的心相融無別。

第二部

幾句心對心的建言

偶爾一次對本然覺醒的短暫體驗，

並不足以究竟終結煩惱和業力，

我們必須強化這種覺醒的力度，才能稱之為成就。

——確吉尼瑪仁波切

4 爲何要有出離心？

我們之中有些人成爲佛陀法教的追隨者，是出於對佛陀法教感到自然而然地歡喜和欣賞，並沒有人強迫我們成爲佛陀的追隨者。

例如，佛法直接了當地指出輪迴中的快樂並不具任何眞實意義或本質。事實上，只要經過審愼檢視，我們不難發現世間享樂的確是徒勞無義的。然而，儘管如此，我們人類還是傾向用盡一生的時間去實現那些微不足道的慾望。我們認爲只要能更富有或更出名，自然就會更快樂。這種普遍性的假設是否正確，需要由我們自己來探究。

佛陀是消滅所有過患、展現一切良善功德的人。因爲他的一切皆圓滿，因此他所教導的一切也是不會有錯謬的。他

的言教，我們稱之爲「佛法」，且由於佛法揭示了現象最原本的自性，因此被尊爲是完美無垢的。儘管佛法毫無瑕疵，然而其眞實與否，我們仍然必須親身檢視。

在這個世上，有些人具有信仰，我們一般稱爲「追尋心靈者」，有些人則沒有特別的精神信仰。通常，追尋心靈者能夠明白：以爲一味貪圖外在感官享受、沈浸世間享樂便能獲得長久幸福，這種假設是不成立的；相較之下，那些沒有宗教信仰的人，則時常將生命投注在膚淺的表面快樂中，例如，努力增加存款餘額、追求更多享樂、爭取名利地位等等。他們更傾向於關注物質的重要性，以及那些並無長久價值的事情。

現在，讓我們來檢視一下這個假設：外在的感官享受眞的能讓我們更快樂嗎？當我們終於得到渴望已久的東西後，是否就此滿足了呢？我認識一位有錢人，他在世界各地擁有許多的飯店，但他依然不快樂，總覺得飯店開得不夠多，甚至認爲自己是個窮人，他每天都渴望擁有更多的飯店和金錢，儘管他已經如此富有了，但仍深深地感到不滿足。

人性眞的很有意思。在某種程度上，我們是地球上最聰

明、最有創造力的生物，卻又有著很深的煩惱。我們完全被生命中各種短暫的快樂所吸引，認爲那些就是生命的全部，卻沒有意識到自己其實一直都活在因執迷所生的痛苦當中，那份執迷就是：我們總覺得自己擁有的還不夠多，且因而感到心神不寧。無論我們取得什麼東西、獲得什麼成就，很少會感到滿意或知足。動物只要填飽肚子後就會快樂，而我們卻認爲快樂不能只求溫飽就好。如果我們擁有一件首飾，很快就會想要第二件；如果有三件，馬上就需要第四件。我們的慾望和期待總是永無止境。

如果我們想要變得富有，首先要突破種種難關來獲得特定財物，接著我們便需要保護那份財富，確保它不會減少、損失，或是遭到偷竊、焚毀或破壞；接著，我們又落入該如何增加這些財富的焦慮中，處心積慮地想要變得更有錢、更出名、更受人尊崇等等。試問，我們耗費這麼多的精力和努力，是否值得？如果我們確實比以前更快樂的話，那一切所做所爲或許是值得的，但眞實情況似乎不是如此。事實上，通常的情況是：擁有的世俗成就越多，內心的煩惱和擔憂就越多。

　　當然，在某些層面上，佛法也認爲物質確實能爲我們提供有力的支持與保護。然而，一旦你認定自己是名佛教徒，那麼從一開始就會有人告訴你要向內審視，改變過去看待問題的習慣角度——從專注於外境轉變爲往內在瞭解。因此，佛法也被稱爲「內心的科學」。

　　僅依靠物質做爲保護，或許可爲我們帶來某種程度的表面自在與快樂，以及些許的內心平靜，但這些肯定都不會使我們成佛。釋迦牟尼佛的法教可以歸結爲一者，也就是要認出自性，並在長期浸潤於此正知正見後而終將成佛。爲了達成這個目的，你必須將注意力轉向自己，去發現自身內在的佛性。這樣我們才會成爲自己的保護者，而不必依賴任何外緣或外境的保護。

　　在我們朝著完全證悟的方向努力時，爲了使不善的過患消除，並讓良善的功德顯現，我們可以藉由聞、思、修來累積資糧，進而產生聞慧、思慧和修慧這三種類型的智慧。作爲佛教徒，我們經常會誤以爲聞、思、修是三個截然不同的行持，但情況恰好相反，關鍵要點就在於這三者是密不可分的。尤其在進行禪修時，我們經常以爲禪修要在很高深的見

地上修持，這是誤解！

　　舉例而言，法教說世間歡愉是沒有意義的。首先，我們聽聞這個法教，也明白法教的重點為何；那麼接下來，我們就要為自己驗證這個法教是否正確；一旦確定它真實無誤，接下來的第三步便是實際的禪修，意思是我們在深刻通達法教的內涵後，對自己的生命產生了影響。

　　從你聽到這些教言的那一刻，並開始探究其是否具有意義的時候，立即會發現世俗享受逐漸喪失了對你的吸引力。但是請注意！如果僅僅是在智識層面上理解這些法教，而未能藉此理解而影響到你最深層的感受和日常行為時，便是把聞與思分開了，也把思與修分開了，這種支離破碎的修行方式無法帶我們走得太遠。

　　我們可以將世間的人分為兩種類型：佛法修行者和非佛法修持者。這兩者的區別是什麼？那些不知道佛法的人，永遠不會覺得自己是一直受到矇騙的。當然，他們承認自己也會犯錯，例如，承認生氣發火是有害的；但是他們一定不會承認，從早上起床的那一刻起直到夜晚入睡前，他們向來都處在迷妄當中。

　　佛法修行者則不同。逐漸地，他們會越來越察覺到自己因迷妄而受苦。儘管現象是無常的，但人們傾向認為這些是恆常而堅實的。然而，一旦我們仔細探究這些現象，就會領悟到這些現象缺乏任何真正的核心，宇宙中連一點微塵那麼小的組成份子都沒有！實際上，所有的現象，包括我們的心也非真實存在。但即使有了這樣的洞見，在我們經歷這些現象的同時，仍有可能認為它們是真實存在的。同樣的，我們也理解到「自我」——這個在生活中持續存在且重要的表徵，也是一個錯誤的假設。儘管如此，我們仍感覺自我是堅實存在的，並且還是宇宙的中心。

　　事實上，正是基於對「自我」的固執信念，我們才會被各種煩惱徹底掌控，一次又一次地被自我的信念帶向沉淪。我們深深地執著於自己及與自己有關的事物；伴隨我執的同時，還會出現無明這個同行者，對於那些認為「不是我」的人，以及「不是我的」的事物產生隱約的嫌惡。我們還會把事物進行分類，我們所擁有的是屬於「我的」，或是「我們的」。這種普遍認為自我存在的觀念因煩惱而越加嚴重。然而，如果我們花點時間深入審視，可能就會意識到這種觀

念完全是我們的主觀判斷。當我們離開這個世界，所有知道的以及擁有的，全都得拋在身後，連我們一直十分珍惜的肉身甚至都不能帶走。那麼，到底什麼才是我們真正擁有的？那個假定的擁有者，那個我們悉心照顧的「我」究竟在哪裡？我們到底是為了「誰」而你爭我奪、貪愛、渴望與放縱？除非我們能完全瓦解自己的錯誤解讀，否則將一直深陷在迷妄中。

如今，承認自己的迷妄是非常重要的一步，但光是承認還不夠，如果終其一生都沒有對此採取行動的話，那真的沒有什麼比這更愚蠢的了。當一切都為時已晚，我們突然發現自己就站在死亡的門口，心想：「我是多麼該死的傻瓜啊！居然浪費了如此寶貴的機會！」那一刻，我們能做的就只有在絕望中捶胸頓足。在我們整個人生中，難道還有比這更具震撼力的洞見嗎？

為了確保這樣的事情永遠不會發生在我們身上，應該把這句話謹記在心：「無論感官對境表面具有多大的吸引力，都無法為我們帶來任何長久的快樂。」一旦這種理解真正滲透到心坎裡，就稱為「出離心」。

出離心的意思，並不是指剃光頭髮、穿著簡單而不追隨流行，或是粗茶淡飯等。出離心單純是指：在瞭解導致痛苦的成因後，繼而從有害的習性中出離。從外表上看，你就像普通人一樣，但在內心裡，將有所不同。為何如此呢？因為外在的感官享樂對你已失去如鐵鉗般的掌控。現在，你不再被五根的對境所愚弄。事實上，你對它們的關注和執著已成為往事。

我們的責任是要時時檢視自心。為什麼？因為這點對自己和他人都很重要。要隨時留意自心的運作，例如，當我們執著和渴望感官享樂的時候，應該保持警覺，因為輪迴的歡愉是極具危險與誘惑的。雖然我們可能在智識上已理解到，不斷追逐世俗享樂並不會帶給我們任何好處，但當看到一個具有吸引力的目標出現並渴望得到它時，慾望就潛伏在不遠處。事實上，我們可以說感官對境就像磁鐵，磁鐵會將鐵屑立即吸過去；當我們對事物感到喜歡或討厭時，煩惱瞬間就會蹦出，這完全是因為輪迴的惡性循環所致。我們只要察覺這些傾向，就能藉此達成許多目標。下一步則是要放下對感官享受的執著與投入。一旦我們意識到感官歡愉的無常與虛

幻本質，對它們的渴望就會減少。透過這個方式，煩惱將逐漸減少。

我們或許認為自己是佛法修行者，但除非徹底明白世俗追求是徒勞無功的，否則不可能真正理解和運用佛法。事實上，我們應該要曉得：出離心越大，修行才會越好。修行成功與否，直接取決於出離心有多麼強烈。事實上，唯有當出離心開始萌芽的時候，我們才算是真正的修行者。若不具出離心，我們根本很難抽出足夠的時間投入修行，怎麼說呢？因為我們將過度沈迷於追名逐利、獲得尊重等等，而沒有考量到我們可能會有得不償失的風險。

當我們不再對奴役自己的物質感到癡迷時，煩惱對我們的影響就開始崩塌。

煩惱是悲慘的種子。像憤怒和慾望等這類強烈的煩惱，很容易認出，因而也略為容易放下。但嫉妒和傲慢這兩種煩惱，則非常難以認出，甚而也更難加以根除。對修行者而言，這兩種煩惱就像是鬼鬼祟祟的小偷，能輕易竊取我們心靈上的財富。

嫉妒和傲慢會專門打造出令人信服的幻相，明確區分出

「自我」和「他人」。當我們的心生起傲慢的時候，就無法以開放、輕鬆的態度與人相處，換句話說，我們對他人隱約的不喜歡佔了上風。嫉妒也同樣如此，嫉妒會讓我們感到焦躁、不安、緊張，且具有輕微的攻擊性，我們也許會覺得「可能我的朋友比我更好」，這種想法將伴隨著不安全感和緊繃的侵略心態，恐懼也在這時悄悄潛入。一般來說，煩惱不會單一出現，往往一個接著一個，形成複雜的煩惱組合。通常，一些次要煩惱會成為主要煩惱的襯托背景。如此一來，傲慢和嫉妒就像是蓋在我們臉上的面紗，阻礙自己看見他人，防止自己以親切、開放、直接的態度和他人共處。當我們明確地將自己與他人劃清界線時，即是再次強化以二元對立來感知外境的方式。

事實上，我們總是傾向於注意他人，這會讓我們對自身的缺點變得盲目。當我們機敏地留心他人的缺點時，就很難覺知到自己的不足。抱著這種心態，忙著以銳利如鷹眼的目光看著別人的過失，就很難使佛法對我們產生正面的影響。

佛法（Dharma），或藏文的「chö」，這個字詞的含義之一，就是要改變和轉化，因為改變和轉化正是佛法的目

的。若將佛法運用得當，就會轉變我們僵化頑固的態度，根除種種錯誤的信念。如果佛法對我們沒有產生任何影響，那麼修行就不具任何意義。我們內心僵化頑固、焦慮不安、紛雜煩擾的層面需要軟化，當自心變得更柔和、更仁善，煩惱就會自動消褪。煩惱減少，乃是成為真正佛教徒的最好表徵。

但這點也仰賴我們出離心的強度。重申一下，出離心指的是希望自己及他人遠離傷害的心態，由於深刻覺知無常和輪迴現象虛幻本質，因而不再忍受那些試圖引誘我們浪費珍貴暇滿人身的閃現虛無把戲。

以真實不偽的出離心為基礎，其他良善的功德將泉湧而出。如此的功德便包括了因覺察有情眾生還在苦海中無義沈淪而生起的慈悲心。眾生毫無休止地追逐著短暫虛妄的感官享受而永不知足，最後只會引來更深的輪迴糾纏和更多的痛苦不堪。

虔敬心和信心是佛法修行者不可缺少的功德，這些會在已具出離心的行者內心更加茁壯。

所謂的虔敬心與信心，並不是「迷信」。事實上，真實

的信心與虔敬心充滿發自內在的確信，這種確信是因爲驗證到現象的本質而生起的。我們慢慢瞭解到緣起現象的無常自性；現象如如顯現，卻沒有任何實質存在的本質，它們都是空的顯現。這樣的確信將轉化爲虔敬心與信心。何以如此呢？因爲我們領悟到佛陀所教導的並非不切實際的遙遠理論，相反的，祂恰如其實地描述了事物的眞實本質。

～此爲仁波切在二〇一〇年三月八日於噶寧謝竹林寺私人佛堂裡任運宣說的法教。海蒂・寇博（Heidi Koppl）繕寫，蔣秋・康卓（Jangchub Khandro）略爲編輯而成。

5 如何做自己的保護者？

　　佛法有段經文是這樣講的：「三時一切諸佛之能仁者，無法用水洗去眾生的罪障，也無法用手拭去眾生的痛苦，更無法將自身了悟轉移給眾生。」（譯按：佛說罪莫能洗滌，佛手無能取眾苦，佛證無能轉他人，唯示法諦得解脫。）這句話聽起來或許有些令人訝異，甚至有點讓人失望。但這段經文提供了一個非常重要的訊息。

　　我們說，諸佛有無盡的仁心、無盡的慈心與無盡的悲心，也有不可思議的勝妙智慧功德，例如救度與保護一切有情眾生的能力，以及超越時空行持證悟事業的能力等。如果諸佛真的具有這些能力，為何不能簡單地直接終止眾生的所有痛苦，或將證悟功德直接賜給我們呢？如果諸佛真的如此慈悲且樂於救度的話，確實應該這樣做啊！但事實上，諸佛

的確無法代我們而爲。

　　既然如此，我們爲何要將諸佛視爲如此崇高呢？這是因爲諸佛透過爲我們顯示心的究竟實相，進而眞正將我們從痛苦中解救出來。而如此的心性，就在我們每個人的內在，也是六道眾生最根本的自性；不幸的是，這個自性暫時被遮蔽了。一旦認出自心本性的實相，就能像諸佛一樣覺醒而達至圓滿證悟。

　　佛法修行的這條道路，是爲了改變既有觀念、幫助我們重新審視自身體驗，並轉化、改變我們與世界的關係而設的。可以確信的是，如果能夠隨時對念頭保持覺知，並試著消除甚至是最隱微的攻擊性害人念頭，這樣的轉變就會發生。

　　佛陀教導我們：「若能審愼調伏自心相續，將成稀有殊勝之護佑者。」因此，要對念頭保持覺知，如此自然就會成爲自己的護佑者。我們應該時時留意自己的念頭，這是我們的職責。那些對佛陀教言有興趣並希望追隨佛陀腳步的人都應當明白，修行的本質是修心。爲什麼呢？這是因爲每當念頭生起的那一刻，我們就有一次的修行機會。若是生起了

一個惡念，至少應先試著把它轉化成不好不壞（無記）的念頭。透過這種認出念頭的方式，我們就能不斷讓自己更好。

因此，佛法修行者將覺知念頭作為修行的主要對境，並藉此而能轉化自己的心。正如龍樹菩薩所教導的：「輪迴唯念頭。離於諸念頭，即徹底解脫。」

聲聞乘的法教說，佛陀強調要留意因自身動機和行為而為他人所帶來的利弊。聲聞乘的修行者將這樣的法教當作最根本的修行。作為聲聞乘法教的追隨者，其主要目標就是不要犯下戒律中所規範的惡行。

因此我們需要做的，就是對起心動念時時保持警醒與覺知，並檢視自己的生活方式。當我們越來越能覺察、警戒和注意念頭時，我們就會避免生起希求造成他人痛苦的想法。杜絕那些衝動的想法，也就杜絕了害人的行為。事實上，這是一項真正能保護自己，並使我們保護自己的法門。

恆時修持

到寺院聽聞佛法的人可能會認為：「我正在修持」。同樣地，到教堂的人們也會覺得：「我正在禱告」。他們將這

些行為視為修持。然而，如果我們僅依靠這種方式來修持，真的不會有太多進步。不要把修持看成是在某個特定處所的行事。只要去覺知當下的每一個念頭，無論是好、是壞或不好不壞，讓它成為你最基本的修持。

修持並非只是用身體和言語在做，而是用我們的心。所以，心才是最應該受關注的重點。這種修持不單是指正式的座上修，而是在任何時候都可以進行，從清晨醒來的那一刻直到夜晚入睡，一整天我們都要對心保持全面覺察。透過這種方式，每當念頭生起時，我們都能加以辨別並徹底轉化為更好的念頭。因此，我們將成為更好的人。

修持不應只侷限在正式的座上修，而是在一整天的時間持續不斷進行。當修持變得穩定，可以嘗試延伸，在睡眠中進行明性的修持。如果能在睡眠中認出心的本然，那麼修持就不會因睡眠而停止。但是，這類睡眠中的特定修持對初學者來說是有難度的。

理想上而言，這就是我們對日常修持所應具備的理解。有了這樣的理解，就會帶來真正的轉變，這也是為什麼口耳傳承中提到修持乃貫穿晝夜而不間斷的原因。

出離心

一般來說，出離心是佛陀法教中非常重要的一個觀點，但我們應該出離的是什麼呢？就最深層的意義來說，「出離心」意味著要出離諸如驕傲、嫉妒、憤怒等最終會傷害自己與他人的煩惱。我們每個人都曾經歷過因煩惱所帶來的傷害，而這就是所應出離的。

當執著生起時，其他諸多煩惱，例如驕傲、嫉妒、快樂、悲傷、競爭、失望等，也會一個接著一個浮現出來。慾望意味著「渴求」，渴求任何事情，包括所有因色、聲、香、味、觸對境而顯現的一切；更廣泛的是指任何看到、聽到、嚐到、觸摸到及感覺到，能引發我們執著的一切，所有的感官對境都會因有所貪執而對我們產生羈絆。

我們還可以從另一個角度來看這個問題。以自己為例，此刻，我們對那些賞心悅目的事物產生強烈的執著。是不是這樣呢？美麗的外形、甜美的聲音、誘人的香味、快樂的感覺，這些就是我們常說的「有染污的快樂」或「有染污的幸福」，它們都不是長久的。就像一朵鮮花，再美麗也會變得

醜陋。鮮花在最初的兩三天非常漂亮，然後便開始枯萎，變得又臭又醜，突然間我們只想趕快扔掉它們。所以，當花朵清新可愛時，我們想盡快摘下它們，欣賞繽紛的色彩、怡人的香味，隨著時間的流逝，當花朵凋謝時，我們又恨不得馬上丟掉它們。一方面，這似乎對花很不公平，但另一方面，面對枯死的花朵，除了丟棄，我們確實也沒有別的選擇。

　　沒有人喜歡變老，但對於衰老，我們別無選擇。也沒有人想要生病，這點我們同樣無從選擇。絕大多數的人都不惜任何代價想要避免死亡，但還是一樣無能為力，事實就是這樣。

　　所以，出離心的真正對象是什麼？我們應該出離的，從最根本的層面來講，就是導致我們無法認出本然心性的事物，這才是我們真正應該要感到厭離的。事實上，直到我們真正能認出心性前，都應該對現狀產生越來越多的疲憊與倦怠感！未能認出心性的話，會有什麼情況呢？我們會把所有在本質上屬於無實與虛幻的現象誤以為是真實的，也把所有短暫的表象都誤以為是永恆的。一旦我們的覺知力開始變強，就會這樣想：「好吧，現在我終於明白了！原本我以為是真的，但其實不然；原本我以為是長久的，也只是短

暫的；原來我一直都是迷惑的，現在我要徹底擺脫這種迷惑」。這才是了知出離心的關鍵。

方便法門

佛法修持有各種不同的方便法門。我們修持佈施度，透過給予金錢與財物等修持財佈施，或者藉由向需要的人傳達佛陀教言來修持法佈施，以此培養慷慨和利他的精神。我們修持持戒度，以此培養利益和不傷害他人的精神。我們修持安忍度，當遭受打罵或不公平指控時，不思報復。我們修持精進度，以此培養利益他人的愉悅心態。我們修持禪定度，以此培養寂止等各種不同的禪定專注。

因此，法門是非常重要的；若不依靠正確的法門，便很難引生智慧。然而，光有法門本身還不夠，除非我們能仰賴上述五度的訓練來獲致了悟一切現象本然如是狀態的智慧度，否則光是努力修持也是不足的，因為這些訓練本身並不能為我們帶來最終的解脫。

慈悲心

在佛法所描述的種種不同方便法門中，最好的法門就是修慈悲心。事實上，悲心是至關重要的。關於「悲心」，有很多內涵可以宣說與理解。從根本上來講，只要是具有心的眾生，都自然擁有慈悲的潛能。所有的動物——甚至是最小的昆蟲，也具有潛在的慈悲心。我們應該滋養並提升這種本具的潛能，使其不斷成長並完全開展。

悲心有許多種類，但我們通常說的悲心是包含慈心的。慈心是什麼呢？慈心就是衷心希望一切有情眾生，不只是少數，而是每一位眾生，都能夠快樂並具足快樂的因。當我們說「快樂和快樂的因」時，「快樂的因」很重要，它指的是什麼？快樂的因是指一種善心，兼具了慈悲的覺醒心和體悟無我的見地。當證得覺醒心和無我見地這二者的雙運相融時，其本身就是能讓一切快樂湧現的仁善心。而慈心是任何人都能生起的。

我們可以將「悲心」定義為：希望一切有情眾生都能從痛苦及痛苦的因當中解脫。但「痛苦」和「痛苦的因」是什

麼呢？粗略而言，痛苦可能源自於身體的病痛或內心的負面想法。我們可以將心的負向層面歸納為瞋怒、貪愛和愚痴（迷妄）這三種。這在三種之中，愚痴是造成不快樂和痛苦的真正原因。這是因為：如果我們的心是愚痴的，就無法認出其自性；如果無法認出心的自性，我們就會堅信，每天所經歷的那些虛幻現象都是真實存在的，也會把無常當成是永恆的。基於這種誤解，我們會執著於物質，從而產生各種煩惱。如果我們真正想去瞭解造成痛苦的根本原因，就應該曉得是我們愚痴迷妄的觀點導致自己無法認出心的自性。所以，如果想要從痛苦中徹底解脫，就必須先根除愚痴——除此之外，別無他法。

若能修持悲心，希望所有眾生無有例外皆具足樂及樂因並遠離苦及苦因，那麼我們將很難再出現生氣、驕傲、怨恨或爭強鬥勝等負面情緒，這些都會逐漸減少直至消失。

智慧和方便法門的雙運

我們應該明白智慧和方便雙運相融的重要性。就拿有人想要橫越山脈為例，當然，他必須要有手腳才能旅行，但

他還需要有良好的視力，而手腳就像是「方便法門」，視力就像是「智慧」。如果光有敏銳的視力，但手腳功能並不健全，便很難翻山越嶺；同樣的，如果手腳都很強壯，但眼睛看不清楚，旅程也會變得艱辛困頓。因此，正如一個人需要有強壯的手腳以及敏銳的雙眼才能登山一樣，我們佛法修行者也需要同時運用智慧和方便才會進步。

智慧在傳統上有三種形式，分別是由聆聽佛法所生的聞慧、由思惟佛法所生的思慧，以及透過禪修所生的修慧。這三種智慧相輔相成且輾轉增上。例如，聆聽法教能讓我們對佛法進行思惟、消除疑慮，並最終付諸於禪修，從而自禪修中建立起見地；透過禪修而建立的見地是最重要的，但除非有聞、思作為前提，否則便不會輕易發生。這就是為什麼這三種智慧幾乎是同等重要的原因，它們是彼此相依並進的。不過，生起前兩種智慧的目的是為了引發第三種智慧，亦即透過正確禪修所產生的修慧。

在各種不同類型的智慧當中，最高的智慧就是領悟無我，亦即沒有自我的存在。如果我們能夠善巧地讓智慧和方便雙運，那麼修行將變得十分平順，解脫也易於實踐。我們

將從何處解脫呢？我們將從業力中解脫，亦即從業行、業報和煩惱中解脫。一旦我們遠離這些業行和種種煩惱時，就獲得了解脫。

歡喜精進

就算是想要在世俗事業上取得成功，精進也是不可缺少的。因此，行者應該基於出離心、慈悲心和信心而歡喜精進。行者若能具備如此的精進，就能克服修行中的困難而不生疲厭。事實上，如果我們如此的精進，自然能引生悲心、認出心性，繼而從各種負面情緒中自行出離。

以融合出離心、慈悲心和信心的歡喜精進爲基礎，我們可以簡單迅速地認出所應證得的智慧。在這裡，「智慧」指的是自心本性，也被稱爲「心之眞如」。如果我們是具足出離心、慈悲心、信心和淨觀的修行者，並以樂此不疲的方式精進運用這些功德的話，就能眞正了悟心之眞如。事實上，有了上述條件，要認出心性、識得本然並不困難；而一旦證得心性，我們就能達到與佛無異的境地。

付諸實修

　　若是行者只專注於佛陀言教中的那些美妙文字，心想：
「啊，佛法太棒了！」甚至因為身為佛教徒而沾沾自喜，認
為自己較其他信仰的追隨者優秀，那麼就大錯特錯了。因
此，僅僅樂於聽聞佛法是不夠的，而必須將法教的真正意義
加以實踐與應用！因此光是對法教產生信心還不足，除非能
激勵自己將法教銘記於心，並在日常生活中盡力行持，進而
開始體驗到內在的轉變；否則，這些法教就像是迷人的經歷
而已。更危險的是，甚至有可能生起認為佛教觀點遠比其他
觀點高尚的偏見，並將自己困在這種認知裡。因此我們應該
要明白，佛陀的法教是要用來親身實踐的，整個法教的目的
就是要引發我們的內在改變，讓我們真正受益。

　　正如佛陀所言：「我可以為你示現解脫之道，但是否要
走上這條路，取決於你自己。做你自己的保護者吧！」

～開示於二〇〇九年六月，托馬斯・達克特（Thomas Doctor）
　翻譯，蔣秋康卓（Jamgchub Khandro）略作編輯。

6 快樂的本然狀態

有助於體驗恆常安樂的五種殊勝功德

五種功德

我們至少在智識上都知道，佛法不只是一門學問，也不只是在蒲團上修持禪定。當我們忙於日常生活時，很容易就會忘記這一點：座上修的質量其實與我們每時每刻的心密切相關。藉由培養知足、隨喜、寬恕、善心和正念這五種殊勝功德，所有的修行者都可以因學習如何使自己和他人生活更豐富的教導而受益。

心性本善。佛陀說眾生都是暫時被遮蔽的佛，當這些蓋障盡除，眾生都是真正的佛。不只是人類，每個有情眾生的真實身份，都是絕對的真如，其最初的自性都是清淨圓滿

的。關心和理解他人是我們一直都具有的能力，而非教育或訓練而來的結果。修行佛法是單純地開顯和滋養這些內在本具的功德。這是我們的任務，也是我們的責任。

在佛法修道的觀點中，關愛他人的能力包括慈心與悲心。佛教徒致力於開顯心靈上的慈悲能力，直到能達到無邊無量、離於偏私的慈悲心。至於理解領悟的能力，則是當它開展至究竟時，就可以洞悉到事實上並沒有真實自我或個人身份的真相，如此的洞見稱為「證得人無我之智」。

知足

傳統上用來協助無盡延伸慈悲和了悟正見的方便法門有很多，比如：知足就是其中之一。知足不僅對修行者，對每一個人來說都是十分寶貴的資產。若無法感到知足，將毀掉每一次擁有快樂和幸福的機會。在感到滿足的那一刻，真正的快樂就會立即呈現。從今天起，不論如何，都要欣賞並感激你已經擁有的一切，例如：你舒適的家、目前的財富受用，和周遭人們的良善。快樂已經存在，我們每一個人垂手可得。

通常當我們想像什麼東西可以帶來快樂時，目光會著眼於他處，或注意那些我們尚未擁有的東西。心裡想著：「我快要到達了」，「我在路上了」，「我還沒做到」，「我還沒得到」等。只要我們還未完全取得之前，都不會感到滿足。如果我們尚未得到所想要的東西，就不會感到快樂。但諷刺的是，一旦確實得到自己所追尋的，卻又感覺沒那麼令人滿意，我們還是不快樂。我們老是覺得別處的草地更綠，那山總比這山高。

我們都知道那些一無所有的人很痛苦，這點很好理解。他們三餐不繼，要面臨生活上許多困難，餐風露宿，還得忍受天氣的時冷時熱。但誰又是真正快樂的呢？

我們必須認真檢視一下，那些有名有勢、具足權力和財富的人是否快樂，而一無所有的人是否總是不快樂。當我們深入剖析時，就會發現快樂不是來自於物質，而是來自於內心的狀態。基於這個原因，那些真正快樂的人是對他們所擁有一切心懷感激的人。在我們感到知足的那一刻，才是真正得到了快樂。佛陀的法教就是常理。

一方面，這很簡單：我們都在尋找快樂。如何讓自己不

用花太多功夫就能得到快樂呢？任何時候只要能珍惜自己所擁有的，我們就是快樂的，如此用心珍惜，便是一種智慧方便。也許我們的人生十分簡樸，但仍可以認為「花兒真美」或「水真甜」。如果我們太挑剔，總認為這不對、那不好，就永遠不會有完美的事情發生。我們必須學會知足，如此一來無論擁有什麼都是珍貴、真實與美好的。否則，我們就是在追逐一個又一個的海市蜃樓。

隨喜

第二種功德是隨喜。我們的本初善被煩惱所遮蓋，煩惱中就屬驕傲和嫉妒特別麻煩，因為它們很難覺察到。嫉妒是最大也是最無意義的心靈痛苦。如果別人的生活過得比我們好，我們便開始嫉妒、憤怒和失望。嫉妒有時還會使我們感到非常不安，食不知味，睡不成眠，血壓高升。隨喜是對治這類毫無意義自我折磨的第二種智慧方便。我們打從內心隨喜他人的快樂，並藉以分享其快樂，還有比這更容易獲得快樂的方式嗎？

寬恕

第三種功德非常重要，也就是寬恕。驕傲的作用可以很大，即使內心充滿愛和關懷，在與他人交惡時，縱使心中有個聲音說：「應該要寬恕」，背後卻總有另外一個聲音說：「不，不需要寬恕他，你是對的，你沒做錯什麼事。」即使寬恕這個行為如此具益與美好，驕傲卻總是阻止我們寬恕他人。

寬恕與道歉具有完全弭平分歧的力量，但我們需要懂得使用它們的時機和方式。如果過早進行，情況可能還不穩定，我們必須找到適當的時間來進行。一旦我們決定要這麼做時，就要審慎抉擇所要使用的字眼、音調，甚至是身體姿勢和面部表情，上述每一項條件都具有很大的影響力。任何一項處理不好，都會有影響。另一方面，如果我們確實發自肺腑而真誠表達歉意的話，總能達成和平、尊重和相互諒解。

善心

五種功德當中最重要的是第四種，也就是善心。一如既

往，為了擁有善心，我們必須明白真正幸福的定義，包括其短暫和長久的內涵。快樂和幸福不僅來自慈悲心，還來自對實相的正確洞見，因為徹底了悟實相的人就是如來，亦即一位全然覺醒者。相反的，痛苦來自貪、瞋、癡，此三毒是所有煩惱生長的根。

「正見」是指了悟事物的如是本然，即根本自性。如此的洞見與我們如何體驗事物有關。雖然在我們身上所發生的一切事物，看起來是那麼真實堅固，但實際上，它們都只是因緣聚合所產生的表相而已，其中並無一絲一毫實際的存在。佛陀說：所有一切因緣和合的現象都是空性的。因此我們要好好研究內外的十二緣起，如此我們將發現心的重要性，因為萬法唯心造。我們所有的經驗、感受與感知，都取決於心所經驗、觀察和瞭解到的體驗。

佛陀為什麼說有情眾生都是迷惑錯亂或愚痴蒙昧的？是因為有情眾生真的迷惑錯亂嗎？也有可能佛陀說錯了，眾生並非迷惑錯亂的。我們一定要探究這點，因為肯定有一方是錯的。佛陀還說：「對我所說的話不要照單全收，不要完全相信」。如果佛陀說錯了，我們應該指證出來。我們可以質

疑，並自己去驗證佛陀所說的是否正確。

讓我們舉個例子。佛陀說一切和合事物都是無常與無實的，但我們直覺認為事物的確是真實且恆常的。佛陀說我們從未仔細觀察，也從來不曾質疑自己的想法；要是我們確實產生質疑並仔細觀察的話，就會發現事物並非看起來的那樣，事物無時無刻不隨因緣而改變。當我們開始認真觀察和分析這些物質時，就會發現物質是由許多微小元素所組成的，這些元素包括：分子、原子、越來越小的微粒。如果以這種方式繼續探究下去，就會發現即使連原子也並不是真實存在的。

隨著痛苦和擔憂的減少，我們過去用來體驗事物的迷惑錯亂方式便會逐漸消退。我們開始能夠瞭解他人的感受，此時，真正的慈悲將主導一切，真誠不變的虔敬心也隨之生起，這便是不退轉、不動搖信心的開端。

龍樹菩薩在《中觀根本慧論》中提到，既然找不到已形成事物的存在，也就找不到未形成事物的存在。他還說，輪迴只是念頭，而「離於諸念頭，即徹底解脫。」

揭開不依緣的本然，需要經過聞、思、修的過程，這三

者中最重要的是修（禪修），其中有許多不同類型，例如：
禪定、觀想、持咒等，但我們必須明白，所有這些努力只有
一個目的：讓自己進步，亦即讓我們的本初善能展現出來。

正念

為了實現這個目的，我們要在日常生活中實修，第一步
就是要生起正念，讓我們的心盡可能保持沉穩與明晰，這是
第五種功德。我們每天都可以修持正念，不論在何處、在做
什麼事。我們要時時刻刻保持覺知。我們正在說什麼？我們
正在想什麼？我們正在如何移動？在移動身體前、開口講話
前，正在移動、正在講話，不論何時都要保持覺知；移動、
講話之後，繼續保持覺知，並問自己：「我剛才說了什麼？
做了什麼？」

禪修訓練有許多不同的方式，其中大致分為兩類：一類
是刻意努力地禪修，另一類則是全不費力、沒有任何概念所
依的禪修。最深入、最正確的禪修是第二類，但這類禪修方
式並非我們所習慣的模式。我們比較習慣在身、語、意上刻
意努力來修行。無緣（無條件、非制約）真如，即心性，超

越任何形式的心意造作，是無須勤作的。

要認出我們真實的自性，聞、思、修是非常重要的。透過聽聞佛法，我們熟悉佛陀的教言；透過深思，我們對佛陀法教產生真實的信心，並逐漸發展出確信。我們要在聞思上多下點功夫，這是不可缺少的。

為了親見無緣的真如本性，即心性，有兩個不易獲得但非常有益的要素。其中一個要素是無量的慈悲心，當澎湃洶湧的大愛和不可動搖的慈悲心生起時，我們就有可能在當下那一刻認出不依緣的本然自性；另一個要素則是對此本然自性具備真實的虔敬心和無可撼動的淨觀。由此，我們進而對那些已證自性並有能力為他人指引自性的了悟者，由衷地生起恭敬與淨觀，這同時也包含對真正實修佛陀法教的人生起淨觀。

總而言之，真正的佛法修行是盡自身最大的努力為眾生帶來快樂與幸福的成因，而此成因即為無量無邊的慈悲心，以及對不依緣本然心性的無誤了證。於此同時，也要盡最大的努力為眾生消除貪、瞋、癡（封閉心態）等痛苦的成因。這就是善心的真實定義。

　　慈悲心可以無限擴大，直到變得無量、無私，再也沒有朋友、敵人和陌生人的差別。在我們遣除阻礙慈悲心生起的任何最微細違緣之前，都必須繼續努力。唯有當我們的慈悲心變得無量無私時，那時的慈悲心才是真正無須勤作的。

　　坦白說，如果想要證得無緣真如，亦即諸佛覺醒之自性，慈悲心、虔敬心和淨觀都是不可或缺的，這點別無他法可達成。但是，你還應該要對世間毫無意義的追求感到厭離才行，你真正要出離的對象是一切煩惱產生的根源，也就是：貪、瞋、癡。

　　同時，我們的精進必須是喜悅且自發的，如此的精進是從對無緣自性的覺照中所湧現，因而不僅只是出於對佛法的欽慕、嚮往或渴望。當我們對甚深自性的掌握變得更強、更深後，便能培養一種充滿信心的信任。在真正認出如是自性之後，只要我們持續修持，自然而然、無須勤作的慈悲就會開始綻放。真誠的慈悲心將從內心最深處散發出來，其力量無可抵擋，完全自然湧現。

　　在尚未認出自性前，我們時刻都處於愚昧當中，且不斷地製造痛苦。但是透過持續的實修，我們可以認出一切事物

被遮蔽的不依緣自性，並覺察到自身的每一個自私情緒都正逐漸軟化與自行消失。隨著痛苦和恐懼的減少，我們過去觀待事物的迷惑方式也會逐漸消褪，因而能逐漸真正理解其他眾生的感受。你可能會開始自問：「我能為眾生做些什麼嗎？如果我不做，還有誰能幫助他們呢？」這時你的內在將充滿真實的大悲心，於是不退轉的虔敬心開始生起，我們將此稱為不退轉或不動搖信心的曙光乍現。

真實的信心源自對揭示此自性的法教深信不疑，一旦你根據法教如實地體驗到心性，你自然會具足信心，同時會對為你傳授法教的上師及其傳承也具足信心。你會對上師及整個傳承都充滿了由衷的感激之情，這就是真正的虔敬心。不費力的慈悲心和不退轉的虔敬心，這兩者結合起來將成為一股加速推動的力量，使你的修行越來越深入，日臻強大，直到無法撼動的強度，它們就像強風般能讓薪柴燒出熊熊大火，且越燒越旺。

偉大的上師阿底峽尊者曾深思學佛有成的真正定義，並得出以下結論：真正的智慧是指證悟無我的智慧；真正的戒行是調伏、軟化自心——唯有時時保持覺照而真正留意自己

的起心動念時，才是眞正的戒行。而最重要的善德是什麼呢？阿底峽尊者說，最重要的善德是深刻關切他人的利益與福祉。修行有成最重要的徵兆又是什麼呢？不是具有神通或幻變的能力，而是自私自利的情緒減少。這些話聽起來或許簡單，但意義卻非常深奧，若你能銘記於心並信受奉行，一定會獲得巨大利益。

～摘錄自確吉尼瑪仁波切於《佛法》（Buddhadharma）雜誌二〇〇七年春季刊的一篇開示。

7 在生活中運用五力

修行從哪裡開始？

佛法博大又精深，在我們經由聞、思、修來實踐佛陀法教的同時，將越能體會這點。透過個人體驗，我們能感受到佛法的深入與浩瀚。然而，正因為佛法的無上甚深微妙，我們更需要接受竅訣的指導，以幫助我們觸及佛法最核心的法教。否則，我們可能會對佛法的廣袤感到不知所措，而不知該從哪裡開始修行。簡言之，唯有我們領受最精髓的教示，否則不可能光靠自己的力量就知道如何成為一位修行人。

值得注意的是，不論是佛陀直接傳下來的法教，或追隨佛陀之祖師大德所給予的教導，其唯一目的都是教導我們如何調伏自心、讓心柔和，使自己成為一個更好的人。這正是全部佛法的一致目的。因此，無論我們是學佛的老參或初

修，學習佛法的結果都應該是一樣的，亦即使我們變得更柔
和、更敦厚。

聞思的益處

直接學習佛陀的教言，或閱讀闡明佛陀法教大成就者們
所寫的論釋，是透過聞、思獲得洞見和正解的最佳方法。如
此還能幫助我們遣除誤解或去除不信。儘管聞慧和思慧非常
重要，它們只是智識上對佛法的理解。光擁有這兩點還不足
夠，為什麼？因為它並非最終成果。

當我們將由聞思所獲的真實洞見銘記於心並付諸實行
時，真正高尚的功德將展露。真正高尚的功德是什麼？我們
將發現自己具有既明智又寬坦，同時也能保持放鬆、機警、
靈活又敏銳的態度，是一種於任何情況都能自在的心態。以
這樣的態度為出發點，將使我們對眾生的慈悲心越來越增
長，自身的聰慧和知足也將穩健地增長。

基於聞、思所獲得的智識理解，我們將能享受心靈的平
靜，進而獲得對萬法如是本性的體悟和真實洞見。這份體悟
會有不同程度和層次。

最終，我們將發現證悟的智慧，是從事物多變的顯相中體認到萬法如是的不變本質，這是最究竟的目標。基於我們至高的洞見，這樣的功德將逐步展開。

佛法的立意在於實踐

如果我說，佛陀所有的法教都是關於實修的教導，你們認同嗎？總之，我們的修行是爲了獲得體驗。如果無法從法教中獲得親身體驗，我們便從未眞正成爲佛法修行者，就好像來到大河邊卻渴死一樣。

仁波切喝了一口茶，然後問：「這是伏特加嗎？」，「哈哈！」（觀眾笑）。「我聽CNN說，喝咖啡會變聰明。爲了賺錢他們什麼話都説得出來，但我不相信他們所説的。你不可能因爲喝了咖啡就變得聰明，會變得陶醉倒是有可能。你可能會因喝了咖啡而沒那麼遲鈍，因爲咖啡能使人保持清醒，但要説變聰明嗎？咖啡能使你變聰明嗎？如果是這樣的話，或許任何東西都能讓

你變聰明。他們或許還會說，可口可樂或古柯鹼
能讓你變聰明，但這有可能嗎？」

不論我們是否在聞思上獲得體驗，或壓根兒沒有任何體
驗，不論如何，我們肯定都能從口訣中得到極大利益。我們
應該謹記修心（藏文 lojong）所帶來的價值和利益，關於修
心的指導有很多相關經典，例如《入菩薩行論》等。

仁波切說：「每當有人問我的上師，昆努仁波
切‧丹增堅贊（Kunu Lama Tenzin Gyamtso）正
在修什麼法時，他總是會回答：『我正在持誦
《入菩薩行論》。』他是一位證量和成就皆如此
高深的上師，連他都會如此回答，不只如此，他
還會補充說：『即使是這樣，我還是修得不好。
我無法按照論典中所述的方法修持，我就是做得
不夠好！』」

概述修心五力

關於修心，我談過幾次「五力」的開示。你們很多人從我這裡，或其他人那裡領受過多次關於此法教的指導，也依此修行。不管怎樣，讓我們重溫一下修心五力。

1. 決定力

早晨醒來時，我們應該要誓言：「我要像修行人一樣利用今天所有的時間，像菩薩一樣活著，藉由五力來修心。」一旦下定這個決心，接下來會有何不同？對我們而言，要將一整天的時間用於修行自然會變得容易。為什麼？因為我們已經下定要覺醒的決心。事實上，能否輕易將修心作為日常生活的一部分，與每天早晨所下決心的堅定程度息息相關。顯然，從堅定的誓言開始，並反覆提醒自己，是至關緊要的。此舉將確保我們自然培養出菩提心的兩個面向—慈悲心和了悟萬法自性的洞見。這是修行五力中第一個決定力（引發力）的立即結果。

2. 串習力

何謂串習力？就是指修持六度及菩提心（證悟想）的兩個面向。我們透過這些來效仿菩薩的主要學處。這些主要的學處是什麼？菩薩的六度波羅蜜多修行分別為：佈施、持戒、安忍、精進、禪定和智慧。培養這些功德並使之不斷增長廣大，稱作「菩薩行」。

佈施是第一個波羅蜜多（或稱「圓滿」）。佈施不僅是指施予物質上的東西或幫助有急需的人。不論我們與窮人或富人同行，不論我們與他們是何種關係，都要培養自己的能捨心，讓自己的生活中充滿佈施。再講一次，佈施不單是指施予物品的這類財佈施，還包括袪除眾生擔憂的無畏佈施，以及使眾生與佛法結緣的法佈施。我們都應該要盡力修持這些佈施。

有了堅定的決心，不僅能讓我們在座上修持時，甚至在日常生活行住坐臥時，自然感受到寬宏之心並盡力培養能引發佈施的功德。如此一來，我們整個生命都是一場佈施的修行。隨著致力於修心，其他諸如正念、不放逸和正知等有益

於修心的態度也將更容易展現出來。

持戒是第二度波羅蜜多。基本的持戒是指避免傷害他人。當我們放下害人之心、摒棄危害之源，持戒的修行就算已經成功。這項修持是否成功，取決於我們是否真正下決心持戒。

安忍是第三度。最好的安忍是在面對異常艱難的處境時，仍願意抱持容忍的態度，例如當他人直接傷害我們、毆打我們，或造成任何身體上的痛苦，我們都應該調柔圓通、包容寬厚，面對傷害而不帶瞋心或攻擊心。如果能做到這點，那麼安忍的修持就算相當成功了。

作為法道上的修行者，對於那些會激怒或刺激到我們的惡言，也要能夠保持安忍。總之，我們的修行就是要能善調自己的心態，懂得淡化瞋心並親切待人。

精進是第四度。所謂的精進是指能夠持續不斷、不受干擾地修行，並且對修持善德與善行隨時感到愉悅。這就是「精進」的本質。能否在一整天當中都保持精進，同樣也是取決於我們的決心。如果真心想要修行，我們顯然就會保持精進。這是自然的因果關係，只要下定決心，必然會樂於行

善。

　　禪定是第五度。在這裡，基本上是指「寂止」的修持，也就是讓我們的心平和安住的修持，其中包括了許多有助於達到「寂止」境界的各種法門。

　　智慧是第六度。當我們談到洞悉萬法如是本貌及如何顯現的智慧時，就會歸結到勝義菩提心，此究竟的證悟心，即「圓滿智」或「般若」。我們所做的全部聞、思、修，都是爲了證得圓滿智。因此，第六度包括一切有益於培養洞見與智慧的面向。

　　修持這些菩薩學處的關鍵要點是什麼呢？是要放棄一切帶有自私目的的希冀，我們修行不該是爲了獲得尊敬、認可或回報。菩薩對這些事情不感興趣；相反的，菩薩不會對修行抱持任何期待。例如，佈施應該是爲了生起眞正的慈愛，希望幫助和利益他人，而不是帶著任何期望獲得尊崇和認可的自私目的。這種態度是使菩薩學處能眞正保持清淨、無私和有效的必要條件。

　　若能立下堅定的決心，開始修持六波羅蜜多，我們將使自己的內心達到極度平靜並充滿慈悲的不凡心境。我們將沈

浸在極為聰慧與極具洞見的狀態中，其他人也會樂於與我們共處。更進一步，不論看待發生在自己或他人身上的一切，我們的視野都會非常清淨且積極正面。

在我們修持菩薩學處時，重要的是留意內心的變化。在修持決定力和六波羅蜜多之串習力時，會出現某些成果，但這點端看我們是否時時掌握修行的進展。何以如此呢？因為只要我們認真付諸實行，就一定會產生一些體驗；如果沒有產生，那就表示我們的某些修行做得並不如法。

身為佛法修行者，非常重要的是我們應該要在每一年、每個月，甚至每一天，都能明顯地看到自己在變好。我們應不時回頭去檢視自己，去年做了什麼，見地、體驗、與他人的關係如何等，而這些和現在的自己相比又有怎樣的改變？每個月也要做同樣的回顧。回想上個月，看看自己是否有所改善和進步。再回顧一周前甚至是一天前，問自己：「昨天我在哪裡？」「做了什麼？」「體驗如何？」「現在如何？」如果我們是一名非常成功的真正修行者，甚至在每一天裡，我們都能注意到自己有所進步。不然，我們至少應該能看到自己比上個月更好；最起碼，要在過去的一年裡有所改變。

如果我們無法注意到自己的改變，那麼修行就是在欺騙和愚弄自己。

簡言之，對於這些功德，我們都應該加以串習──我們的心應該是聰慧的、平靜的、對每個人都是慈愛相待。我們應該讓自己越來越熟稔於這些層面。

佛法修行者的觀點與普通有情眾生的觀點背道而馳。普通人希冀很多，卻不容易滿足。佛法修行者能夠放下私心雜念，於當下的每一刻都非常自在與感恩。

例如在〈虔心悲切遙呼上師祈請文〉中提到：

「生活資具貪得而無厭，非真如幻之法欺自心。」

佛法修行者有極具智慧的見地，因此能避開這個陷阱。為何如此呢？因為他們的見地和體驗已不再停留於事物的表相層面；他們已看見萬法的真正實相。

當我們在修行時，會有許多可用來判斷自己是否變得更好的徵兆。例如在修持佈施時，應該要很自然地一再生起真心想要長遠幫助他人的願望。

若能盡量避免自己做出害人的事、講出傷人的話，也是一種好的徵兆。過去，我們可能會到處講一些芝麻小事又讓

人不悅的話語來傷害他人，如果能遏制這個習氣，就是好的徵兆。又如果能做到不管別人對我們說什麼，都不會生起瞋心或變得具有攻擊性，又或者當我們被批評或讚美時，都能如修道上的行者一樣保持平靜的態度，那也是一種好徵兆。

若是一再發現自己生起以慈愛和良善意圖來幫助他人的念頭，並享受這種積極正向的感覺，便是修持精進有所成效的徵兆。

那麼，修持禪定有成效的話，又會如何呢？基本上這談的是修持寂止，也就是「奢摩他」（Shamatha）的程度。禪定的訓練也與保持正知而不放逸有關。如果這樣的心境越來越常出現，則表示修持禪定已有一定的成效。

仁波切：「奢摩他」非常、非常有用。但修持寂止時若只是處於昏沈想睡的狀態，哪裡會有什麼幫助？如果能在每個當下都保持覺知，並朝正確方向發展，那麼「奢摩他」將為你帶來許多智慧。

「勝觀」，即妙慧或眞實洞見，是極爲龐大且複雜的主題。爲了擁有不凡的洞見，需要經過長年累月的細微觀察和聞思。但是，我們時間不多了！如果現在就要發展出智慧和理解，我們應該怎麼做呢？有兩種方法，而其中能發展眞正洞見的最佳之道，是以無分別概念的覺醒智看待一切，進而契入甚深的空性離戲中，內心不持任何有、無、亦有亦無、非有非無等造作概念，完全超越心意構想。如果我們能基於無分別概念的覺醒智而認識到此甚深空性，那就是圓滿智。我們應當達成此成就，修行的目標就在於達到這份覺醒智的巔峰狀態。

如果此刻還無法達到如此的了悟，那麼我們能做些什麼嗎？我們可以練習達到對空性的近似了悟，這句話是什麼意思？這句話是指我們可以思惟，例如思惟一切事物都是如夢如幻的事實。我們可以思惟一切現象雖然看起來極爲眞切，卻連一丁點的實質存在都沒有。雖然這樣做還未眞正達到無分別概念的智慧，但卻是契合實相的思惟，是與萬法眞正本質一致的有分別概念觀點，這點與認爲眼前一切事物——所有感官對境——與其表相一樣眞實堅固的觀點截然不同。

如果我們認為「我的感官體驗都是真實的，在我接收外在事物及其相關概念時，我確實與實相接觸」，若有這樣的想法就是有瑕疵、錯誤的。為什麼呢？因為它與萬法相續存在的方式是完全背離的。相反的，我們應盡最大的努力達到對空性的理解，亦即理解一切事物都非恆常；它們並非如表面所看起來的那樣，它們確實是無常的。只要我們對顯相無實、如夢的自性有越來越清楚的覺知，將大有助於無分別覺醒智的真實顯現，並逐漸契入隨之而來的圓滿智。

要怎麼做才能使之發生呢？這點有賴於我們仔細推敲所學到的各種不同論述。例如，我們可以從《中觀莊嚴論》所闡述的「不一亦不異」等論點，以及《入中論》的相依緣起論點得到受益與啟發。只要我們學習並探究這些論述的內涵以及它們是如何成立的，就可以利用這些論述一再提醒自己，繼而在內心產生影響，這是趨入近似空性的一種極佳方法。

佛法修行者的思惟方式有何特徵呢？其中一個特徵就是會想：「沒錯，這些事物表面看起來是恆常的，但我知道它們究竟是無常的」，這種觀待事物的視野是佛法修行者的一

大特徵。

　　佛法修行者必須生起一種特定的信念，確信一切我們所看到的、聽到的和經驗到的都是脆弱、變動、不可靠，以及注定會毀壞的。一切事物的本質便是會毀壞！我們如此思惟，為何會帶來益處呢？事實上，萬事萬物都注定會消融！一切事物的本質便是會衰敗瓦解！這是一定會發生的！如果我們能讓自己習慣於理解事物無常的自性，那麼一旦發生衰敗瓦解，我們將更容易接受。

　　例如，萬物是會耗盡、消亡與終止的！如果我們經常在心中反覆思索這些念頭，那麼當消亡真正發生時，我們將能夠接受。一旦我們越來越能夠覺察並相應於萬法無常的本質，那麼傲慢、自負、驕傲，尤其是自私，都將遠離並自行消失。

　　一旦覺察到這類觀念對自心所帶來的影響與經驗時，我們就能明白修行的目的。此刻雖然修行還不圓滿，但已近似圓滿。不論如何，它都將帶來具體效果，這個效果就是引領我們越來越趨近真實修行的境界。

3. 善因力

　　當我們發現自己的修行決心還不夠堅定，或是在修持六波羅蜜多時遭逢困難，就必須要依靠善因力（善種力）。此時應採取一些方便法門，例如積聚資糧等有利於累積修行善緣的法門。

　　簡單而言，積聚資糧的方法分為七項：頂禮、供養、懺悔、隨喜、請轉法輪、請佛不入涅槃、迴向。以上稱為七支淨供，每一支分別對治一種煩惱。

　　基於喜悅、虔誠的心，我們透過身及語來修持大禮拜。例如，頂禮時以觀想皈依境來獲得三寶的殊勝加持和慈悲攝受。頂禮針對因慢心所產生的煩惱而能十分有效地對治。供養則對治吝嗇，懺悔對治瞋怒和仇恨，隨喜他人的快樂與成功則對治羨慕和嫉妒。請轉法輪和請佛住世則對治邪見和愚痴。

　　在三種佈施當中，將所有福德迴向給普世的證悟，也就是眾生的證悟，我們稱之為「法供養」。此舉將使我們所有的福德變得無窮無盡，並持續伴隨著我們的修道直至獲得證

悟。

　　我們每天都應該修行七支淨供，而且不應只是以口頭唸誦，而是要發自內心深處思量其中含義。藉由仰賴這七項良善修持，將大大開顯世俗菩提心和勝義菩提心。我們將發現自己更容易生起決定力，真心想要為利益一切有情眾生而踏上證悟之道並獲得證悟。

　　基於修持這七支供所產生的善因力，將使得佈施、持戒、安忍等六波羅蜜多修行變得越來越真實且具有效益。

4. 破斥力

　　何謂破斥力？意指我們開始對過去習慣以自我為中心的思考模式感到厭離，那些觀點包括了「我想要快樂，坦白說，這才是最重要的，其他人過得好不好與我無關。」我們應該認出這種持續造成自己與他人不幸的心態。只要我們能真誠審視這種自私的想法，亦即我們的心態，一股深刻的厭惡感就會油然生起。為什麼？因為這種自私的態度，將使我們一直以來所致力開展的利他美德，包括那些下定決心要為有情眾生之快樂、幸福、解脫而證悟所做的努力全都白費。

作爲法道上的修行者，我們絕對不能忘卻這種以慈悲爲出發點的態度。

當我們意識到以自我爲中心的觀點乃與想要透過修行所體驗和達成的結果完全抵觸時，就會對此態度深感厭惡。有了厭惡的感受，就會想辦法超越自身的利益。因此，破斥力是我們能夠且應該去借助的強大力量。

5. 發願力

每當我們發願時，等同建立一種連結，使我們的修行範圍不斷延伸，且其影響力能擴及越來越多的個體。因此，重點是絕對不要把思惟侷限在「我」、「他們」，「我的團體」或「其他團體」的層面上。我們不應該把祈願只限定在與自己親近的有限群體之內，認爲只有我們的群體才需要獲得快樂、成功與自由等等。相反的，我們的願心應該是無私的，我們應該培養一顆眞正的善心，願一切有情均能得到快樂、幸福和解脫。如果我們能以此見地作祈願，其願力將會非常強大。

若能記住這五力將會很好，因爲這五力很有邏輯、容易

理解，也非常實用。每天早晨醒來的第一個念頭是很有力量的，因此我們應該如此思惟來作為一日的開端：「我今天將保持正向的心態和良善的發心」。殊勝的發心是指不單是對自己的親友，而是對一切眾生都抱持關愛與尊重。我們應該這樣發心：「我想要竭盡所能地利益和關愛一切有情眾生！」要讓自己的發心強大且清淨，這一點很重要，因為它能鼓舞我們一整天都行走在正確的方向上，確保我們一整天的身、語、意都保持在良善的狀態中。這份清淨且良善的發心將引發一股力量，帶領我們從好，到更好，再到最好：它也能阻止我們說出任何惡言，做出任何不善的行為，甚至是不善的思惟。

　　我們應該建立和培養哪些習性呢？我們應該盡最大努力，讓自己習慣而熟稔於以真誠、平等、智慧的方式慈悲關愛著每一位眾生。

　　這裡的智慧有兩種。一種是能平等地去愛朋友或敵人。另一種是明白沒有什麼是堅實不變的，一切都在改變當中且遲早都會消失瓦解。我們必須認知這點，但對普通世人來說，這些話難以接受。如果你告訴他們：「總有一天，你的

生命會走到盡頭。」世人會認爲你只是在挫他們銳氣而已。如果你告訴他們：「有一天你會生病的。」他們會認爲你只是要使他們喪氣。其實這並非你的目的，而正是生命的事實，佛法修行者會接受這些，認爲：「一切都在變化著。此刻的我很健康，但遲早會生病，會衰老。任何事情都有可能發生，因爲一切都在變化當中，所以我可以接受這一切。」

在這五力當中最重要的是串習力，即加強習性，但重點當然是在於我們所加強、所熟悉的東西一定要是眞正良善的串習。傳統的七支供修持會對身、語、意產生極大的影響，而這種影響完全取決於發心的清淨程度。

如果你做了數以千計的大禮拜，但並非誠心而爲，效果就會差強人意。相反的，如果你只是做了幾個大禮拜，卻是眞心誠意地做，那麼將產生驚人的力量。這同樣適用於供養，當我們以一顆清淨的心，即使是透過觀想來作供養，都將產生難以置信的成效。若是以清淨的發心獻供，哪怕只是一朵鮮花，其成效都是難以想像的。因此，兩者之間的區別並不在於數量，也不在於金額，更不在於華麗與否，眞正的區別在於心的力量。因此，即使你做了極其昂貴的供養，卻

是以平凡的發心來做，便不會有很大的受益。

水供的傳統始於西藏，印度也有這樣的傳統，但卻沒有像在西藏那麼普遍。我們以水來做供養，是因為一般人不會對水感到吝嗇，或感到後悔，更不會覺得供養水是一件很困難的事！我希望在其他國家也可以如此做。現在有些地方，人們需要花錢去買水。但不管怎樣，西藏在過去有天然、乾淨的水，沒有人需要特地花錢去買水。因此，當藏民用水做供養時，水都是清澈潔淨的，還不用花一毛錢，所以不會有人感到心疼或後悔，大家都覺得很好。如今，我們用其他液體，比如昂貴的酒來做供養，那時我們可能就會想：「唉……我幹嘛浪費這麼好的酒呢？還不如我喝了它吧！」

五力是完整修心之道的甚深總述，其中包括了一切相關的口訣。正如先前所強調的，這五力可以在生活中實踐與運用，臨終時亦然。

～確吉尼瑪仁波切於二〇〇六年一月十四日在噶寧謝竹林寺大殿給予這段開示，托馬斯・達克特（Thomas Doctor）英譯，蒂娜・郎・沃倫（Tina Lang Warren）繕寫，蔣秋康卓於二〇一〇年七月進行編輯整理。願此開示利益一切有情！

8 臨終時運用之五力

　　在領受佛法時，我們的發心和動機是最重要的。此動機不僅在領受法教時很重要，在思惟法教時也同等重要。當我們在禪修時，更應該有特定的發願。發什麼願？發能夠利他的願，我們在禪修時，心中應該祈願「願每一位眾生都能從痛苦中解脫，獲得圓滿證悟。」每一位眾生是指無有例外的所有過往的母親有情，我們一切聞、思、修行的最終目的，就是為了帶給眾生快樂與解脫。

表明佛法的四法印

　　佛陀的法教可以歸納為四個綱要，此四個綱要是由佛陀親自述說，用來表明其法教的特徵。此四法印為：諸行無常，有漏皆苦，諸法無我，涅槃寂靜。

　　四法印是用來驗證某個法教是否確實來自證悟的佛陀所說，因為佛陀的所有法教都圍繞在這四個綱要上。四法印告訴我們什麼？無常是佛法中重要的議題，每位修行者都應該受持無常這個事實。至於無常是否真的為生命中的實相，這點我們很容易就可以驗證，因為從生活經驗中就可以得知事物並非恆常的。

　　接下來，佛陀揭示了一切依緣的事物、凡是因緣和合所產生的事物都必將瓦解與消亡，依緣現象的自性即為無法長久。這也意味著生者必死，而此處所說的生者，當然包括了投生在此世間的我們這些有情眾生在內。死亡是一個普遍存在的事實，我們必定會面臨死亡，正如偉大的印度上師馬鳴菩薩在道歌中所說的：

　　　「汝曾見聞或臆想，或有生而未逝者？」

　　馬鳴菩薩藉由反問，點出一項事實：由生而起的個體，注定滅亡。事實上，正是因為無常，有生則必有死。只要我們仔細觀察，不難發現許多可茲證明有情眾生有生必有死的

事實依據。這世上絕對不會有長生不死之人，為什麼？因為沒有人能夠違背萬物無常的本質。過去如此，現在如此，未來亦將如此，依緣的現象必定是無常的。理解這點後，我們將開始感受到一種不確定性，因為我們不只必定得死，還不知死期何時或死緣何因，也許是驟然過世也不一定，不論如何，死亡終將來臨。

學習生死之道

修行者會訓練自己提前為死亡做好準備，以便善巧地迎接死亡。為什麼要這麼做呢？這是因為當臨終時刻到來，他就可以依照佛法所教導的方式，掌控死亡的過程，以確保來世能夠繼續修行。

輪迴眾生的生命都是依緣且無常的，因此，知道如何善巧地利用死亡，就變得相當重要。根據大乘法教，我們能在臨終的過程中將自己的神識善巧地遷移到淨土。

之前我們提過大乘佛法修行者可以在生活中仰賴五力，這五力歸納成菩薩道的學處，能幫助我們修心。然而，不僅在生活上，在臨終時我們同樣能善巧運用這五力，或許順序

會有些不同，但掌握的原則卻是完全一樣的。

　　雖然心裡想到死亡，是件頗令人沮喪的事，但另一方面，我們內心卻又清楚明白每個人遲早都會走到這一步，只是不知道何時會降臨。這點很糟糕，如果可以提前知道死期的話，或許還可以先做準備。但事實是，絕大多數的人並不想知道自己的確切死期，就算有人告訴我們：「你八十歲的時候會死。」在我們心裡，八十將立即成爲一個可怕的數字，我們會拒絕接受它。

放下執著與牽掛

　　公元八世紀，印度佛教大師寂天菩薩曾說過：

> 「我們都終須一死，但死時必須捨盡諸一切
> 世間受用，著實令人感到痛苦。」

　　此刻，哪怕是要我們放棄微小的東西，多少都會有些捨不得，因爲放棄本身就不是件容易的事！我們會覺得不自在，甚至還可能有點苦惱或不開心，難以想像那種感受嗎？

當死亡來臨時，我們要放棄的不僅是微小的東西，而是所有的一切，我們必須就這樣兩手空空地離開！屆時肯定是極爲痛苦難忍，但這樣的情境遲早會到來。

寂天菩薩接著說：

「臨終之際，親友和自己所擁有的一切又能幫助我什麼呢？在那一刻，我唯一能倚靠的就只有自身的福德！然而直到現在，我對需要仰賴福德這事卻仍一無所知。」〔譯按：《入菩薩行論》第二品「懺悔罪業」40 與 41 頌：「臨終彌留際，眾親雖圍繞，命絕諸苦痛，唯吾一人受。魔使來執時，親朋有何益？唯福能救護，然我未曾修。」〕

這裡所講的「福德」，簡單來說就是「善心」。甚至可以這麼說，儘管寂天菩薩用的是「福德」一詞，但他真正所指的就是良善的心。爲什麼這麼說呢？因爲只要保有良善的心，我們自然就會行走在良善的道途上。

仁波切（看著供養的鮮花）說：「花朵是說明無常的最

佳範例。此刻它們看起來很漂亮，但是過幾天或幾個星期後，看起來和聞起來又會是什麼樣子呢？比起常青樹來，花朵更能快速有效地告訴我們無常是什麼！」

身為修行者，我們應該為自己的臨終負責，並時時憶念無常，隨時對不期而至的死亡做好準備。為何要這麼做？因為這樣做能時時提醒我們修行刻不容緩，並督促我們找到在臨終時能善用的修行方法。我們必須學習如何面對臨終，並透過修持特定的法門來幫助我們逐漸熟悉和掌握其中訣竅，從而在死亡突然降臨時亦能自在面對。

所以，當務之急是找到合適的法門，不斷練習直到能運用自如，否則就算得到法教，卻不能徹底掌握的話，在關鍵時刻也無法運用得宜。所以說，具備正確修行法門與付諸實踐的能力，兩者同等重要。

在此生當中認真遵循五力，使自己逐漸熟悉法門，那麼在死亡之際就能夠得到直接幫助。在臨終時分，除了將五力順序重新排列外，無須再運用其他新的方法。

死亡是痛苦的經驗，從死亡到投胎前的中間狀態稱作中陰，是許多中陰類別當中的一種，中陰經驗有時非常駭人。

為何死亡讓人如此痛苦？因為我們太珍視自己了，一直以來，我們經常以自我為重的心態是造成臨終和死後所有恐懼與痛苦的根本原因。我執才是麻煩的製造者，痛苦與恐懼的主要煽動者。甚至，在中陰階段，我執會扭曲我們對外境的感知，從而看不清事實的真相。

當死亡來臨，我們首先要確保修行不會受到阻礙，事實上，我們應該藉由死亡來幫助修行。其中必須注意的障礙是在中陰過程所生起的強烈執著與牽掛，這點將阻礙我們的修行，使死亡的過程變得更加煎熬。我們執著與牽掛的是什麼呢？我們可能對許多事物牽掛，有些人執著於親人、朋友、夥伴、身份地位等，有些人貪戀著自己的財產，有些人則同時對人與財產都放不下。儘管心態上的執著與牽掛各有不同的表現，但都是屬於相同的情緒。

臨終時，若對親人產生執著將引起各種不必要的干擾情緒，進一步引發迷妄。因此，我們一定要克制這種想要與親人在一起的感受，並透過為親人獻上祝福與祈願來淡化這種執著感受。且讓我們用更有意義的方式向摯愛的親人道別，該怎麼做呢？向他們分享我們的修行體會，給予他們具有意

義和利益的建言。

我們一生努力賺錢的過程當中，或許未能總是保持誠信謹慎。人們在追求財富時，經常採取不正當的手段。過去我們為了營利，可能不是那麼誠實；又或許我們變得富有了，卻間接傷害許多有情眾生。比如說，我們的生意曾間接造成許多昆蟲等有情眾生的死亡。如果真是如此，就表示我們所累積的善業還不夠多，以至於無法享受善業的果報。

臨終時，對財產的貪戀會對我們的心造成干擾，並在中陰過渡時期形成阻礙。如果真是如此，我們應該怎麼辦？

針對財產的執著，我們應該在活著的時候，就要放下對財產、特別是對珍愛之物的執著，這樣最少可清除中陰時的一種障礙。我們還應該有意識地將財物供養給能好好運用在有意義途徑上的人，其中特別要把那些經由傷害他人所得到的財物供養出去。如此一來，至少這些財物能為他人帶來利益與快樂。

佛法修行是一門技巧

佛法是一門需要被付諸實行的技巧，另一方面，卻又非

常簡單且合乎邏輯。比如說，我們的執著越多，所經歷的痛苦就越多，因此還是單純放下吧！

臨終時，什麼是最重要的事？就是放下！不要執著於任何的人事物——朋友、家人、財產都不要貪戀，因爲這一切都帶不走。既然無論如何都得把這一切拋下，就只能選擇放下了！否則緊握不放，只會讓自己生起更強烈的恐慌、牽掛與不安等有毒情緒。

我們此時都坐在離境的候機室裡，雖然我們假裝自己不在其中，假裝自己會永遠活下去，但無有例外地我們全都入列於將要離開的隊伍裡。當死亡來臨，你應該給予親友們如何良善面對生死的正向建言。每個人都朝著死亡的方向前進，所以就由我們來樹立一個好榜樣，讓自己以美好的方式離去，從而幫助那些遲早也將離去的人們。這是我發自內心提供給各位關於生死之道的建言。

佛教徒對於各種正面、負面的議題，會以十分深入的方式作探討，而非停留於事情的表面。我們想要同時了解生命的利與弊兩個層面。

當今在文明國家，人們不願意面對死亡，更不想直接面

對屍體，甚至連任何垃圾都不想看到。例如，在歐洲，垃圾會在一大清早，於送牛奶的人開始工作前就被收走，即使不會有熊出來覓食，人們也會把垃圾箱蓋得很緊。在這裡，「熊」是指人類的眼睛，人們不喜歡看到垃圾，所以把垃圾藏在視野之外，並且盡快清理掉。等到這些垃圾經過處理轉化成另外一種商品後，就重新被人們所接受了。

> 仁波切：「我相信，在倫敦，水可以被回收利用六次到七次。他們將使用過的水，經過一些機器處理後回收再運用。人們認為與這種處理過的水相比，尼泊爾的水太髒了，但是把髒水送進機器裡處理一下的話，大家就會覺得沒問題了！人們甚至還喝回收過七次的水，我覺得是有點太過分了，不過，又能怎麼辦呢？⋯⋯（笑）」

在臨終時，我們的心由於強烈的恐懼會變得異常清晰，恐懼的確能使心變得很清晰。因為心在專注一念時，不只好的體驗會變得鮮活清明，不好的經驗也同樣如此。

目前，我們的心是如何運作的？當我們在想一件有趣的事情時，腦海會突然跳出其他事情吸引我們的注意力，當第二個念頭取而代之時，第一個念頭就消融了。臨終時，我們不會有太多的念頭，但這些念頭似乎都非常確定與真實。此時我們所有的思惟都被希望和恐懼所主導著：希望不要死，希望 希望 ，有太多的希望：「醫生，你不能幫幫忙嗎？你確定嗎？」或者「爲什麼我得死？我還很年輕健康！爲什麼是我？我想再活久一點！爲什麼我的朋友不幫我？誰能幫幫我？」或者「爲什麼大家都放棄我？」

此時，我們的心變得十分奇怪，我們用扭曲的方式看待事情，說些奇怪的話，即使是最親密的人也很難與我們親近，因爲我們的心是如此困惑並且特別挑剔，想著：「這也不好，那也不行！」我們異常地敏感與不安。如果我們要水喝，一會兒覺得水很燙，一會兒又覺得水太冰，感覺什麼都不對勁。我們覺得很冷，要求蓋上毯子，但又覺得毯子太薄，一下子又覺得太熱，同一條毯子馬上就變得太厚重。太厚、太薄、太熱、太涼，我們的心確實在生理上體驗著各式各樣的感覺，因爲這個時候的心變得極度敏感與不尋常。

在臨終時，善願的力量非常強大，所以應該多多爲摯愛的人祈福。 臨終時，我們應該這樣想：「我決定將此生所積累的福德全都佈施給摯愛的人，希望他們過得美滿、快樂、健康，希望他們能夠修行，願他們有善心、行善事，永不迷亂，絕不傷害他人。」

而我們生前所擁有的財富，無論是經由自己辛勤努力得來，或是來自親友的饋贈，我們都有責任將這些遺贈到有意義的用途，確保它們不會被誤用或引發更多麻煩。

七支淨供的修行

臨終時，最佳的修行爲何？在大乘傳統裡，我們可以進行總括「善因力」的七支淨供修持。事實上，所有的善行都可以歸結爲七支淨供。有些偈誦善加闡述了七支淨供的自性，我們應該將它們記住，例如：「**所有十方世界中，三界一切人師子，我以清淨身、語、意，一切遍禮盡無餘。**」

至少藏文的這首偈子非常優美。

禮敬

臨終時，我們的心應該只充滿良善、激勵人心的畫面，不應該被牽掛、憤怒或焦慮所取代，心裡想著：「怎麼辦？該怎麼辦？我現在要失去這個，我要失去那個了！」這些執取只會引發煩惱。相反的，我們可以觀想諸佛菩薩，用心而不是用身體向他們頂禮。為什麼要向諸佛菩薩頂禮？因為他們充滿著愛與智慧。如果我們珍視這些功德，我們自身也會充滿能救度無數有情的愛與智慧。因此，讓心專注於向諸佛菩薩禮敬或在意念上向其頂禮，在臨終時是極佳的修行，並且具有治癒紛擾煩惱、痛苦和恐懼的巨大能量。禮敬至關重要。

供養

供養是七支淨供的第二支。我們應該誠心誠意地供養，並且供養後不應生起任何後悔的感受，也無須供養昂貴的東西。在偈誦的內容可以是：「**以諸最勝妙花鬘，伎樂塗香及傘蓋，如是最勝莊嚴具，我以供養諸如來。最勝衣服最**

勝香，末香燒香與燈燭，一一皆如妙高聚，我悉供養諸如來。」

懺悔

懺悔是七支淨供的第三支。當我們於身、語、意造下惡業時，可以藉由懺悔及悔悟來淨化。臨終時，特別應該對自己所做過的惡行生起悔恨之意，並尤其要以極為開放、直接的方式懺悔這些罪行。

我們在此生當中或許跟某些人處得不好，也許是對他們感到失望或氣憤，也許是金剛師兄間彼此感到怨懟，有時甚至是對自己的上師或法教感到失望。事實上，凡是對有情眾生抱持任何負面情緒都是不好的。若是我們能意識到自己的過錯並真心感到懊悔，那麼即使犯下很大的惡行，也能經由懺悔得到淨化。反之，如果我們對錯誤毫無意識，也沒有真心懺悔的話，那麼許多微小的惡行就會累積成真正的大問題。

那麼，該怎麼進行懺悔呢？首先，我們必須意識到自己的錯誤。其次，應該反省自己的行為，思惟：「我的行為是

錯誤的，對此我真心感到後悔。」最後，應該下定決心：「現在，我已淨化這些惡行，它不復存在，我的罪行已被洗滌。」這點非常重要，否則，只是坐在那裡想著：「我是個造惡之人。」是沒有用的。

還有一個必須銘記在心的事，那就是善德。我們應當思惟：「此刻惡行的沈重負累已經消失不見，我的善德因此大幅增長。」我們要真心相信這點，甚至要大聲喊出來。覆述此類的偈誦，在心理上具有強大治癒的效果，「願我的所有惡行被淨化，願我的一切善業加倍增長。」這樣的宣言是有力量的，請相信我！這聽起來或許有些可笑，但卻非常有用。

懺悔的偈誦可以是：「**我昔所造諸惡業，皆由無始貪瞋癡，從身、語、意之所生，一切我今皆懺悔。**」

隨喜

接下來是隨喜：「**十方一切諸眾生，二乘有學及無學，一切如來與菩薩，所有功德皆隨喜。**」

隨喜真實的善行是非常重要的。假如我們能真心隨喜善

行，即使沒有實際參與該善行，僅出於隨喜，我們的善念也會有助於那些從事善行的人，自己也能受惠於善果。反之，如果我們隨喜的是惡行，我們也將共同承擔因惡行所產生的惡業與惡報。例如，如果某個人或某件事使他人遭受巨大痛苦，而我們認可這些惡行，那麼即使沒有親身參與這些行為，單只是姑息，我們就已經爲自己造下許多厄運，最終勢必承受與惡行實施者同等的痛苦。

　　因此，一切皆取決於我們隨喜什麼。隨喜的確能帶來改變，雖然這只是我們心中冒出的短暫念頭，其效果卻是非常的驚人。

　　當我們看到佛法修行者或是佛學院的學生在研習經文時，若是我們能隨喜他們，就已經累積了許多善業。如今有許多來自世界各地的學生來到尼泊爾的佛學院學習，要是我們這些並未研讀佛法或學習很少的人，能打從心底隨喜他們並想：「這些學生能如此認眞學習佛法是多好的一件事！他們看起來是眞心想要幫助眾生！他們的發心多麼殊勝啊！」如此就會在我們身上產生非常多的善能量。而不要心想：「爲什麼他們要學習那些？也許那些全都沒有意義！」或者

想:「我好嫉妒他們,我都沒有時間學習。」這些憤怒、嫉妒和競爭性的感覺,對自己和他人來說,都是有害的。

當我們看到許多人在修持佛法,繞塔、頂禮、持咒、誦經或在累積其他資糧時,非常非常重要的一點是,我們一定要隨喜。每當看到寺院的僧尼們在做薈供時,只要有時間,我們就應該走進去行三次頂禮,在裡面坐一會兒,或是雙手合十並思惟:「我對他們的不斷持誦和祈請感到喜悅,他們必定滿懷智慧、慈悲和善的能量,我很開心!至少我在心裡也跟著一起參與了。」如果能這麼做的話,我們就是真正地參與了善行。這就是為什麼隨喜的力量會如此大的原因。

就世俗層面而言,那些沒有任何宗教信仰的人,那些對心靈問題漠不關心的人,若是想要活得快樂,應該學習隨喜他人的快樂這種善巧方式。如果我們不懂得隨喜他人的快樂,自己也永遠找不到快樂,為什麼?因為不論我們在教育、名聲、財富、地位、影響力等方面有多麼的成功,永遠都會有人比我們更好,那麼我們的人生將會經歷一次又一次的失望,永遠都不會有百分百的快樂,甚至連百分之九十的快樂也得不到。因此,即使你是毫無宗教信仰的人,若希望

獲得眞實的快樂，也要懂得隨喜他人的善行，這是毋庸置疑的。

　　另一個有益的心態是要感恩我們所擁有的一切，否則我們將永遠不會滿足。如果擁有的不多，但是能欣賞和感恩自己所擁有的，就會是快樂的。

　　擁有快樂才是眞正有意義的事，而不是擁有好名聲、權力或財富之類的東西。不要依賴外緣或外境帶給我們快樂，如果這些諸如利益、權力、地位等所謂的外緣，能帶給我們眞正的快樂，那麼就應該是物質財富越多、權力越大、名聲越顯赫，我們就越快樂，但情況往往並非如此。那些更富有、更有名的人反而經常擁有更多的不安與競爭感，而鮮少擁有眞正的快樂。諷刺的是，他們所擁有的正好是其不安與不快樂的源頭。

　　我們習慣性地以爲不快樂是由外緣所造成的。例如我們會認爲：「我沒有得到這些、那些，所以才不快樂。」但快樂眞的來自外在物質嗎？並非如此！不快樂是因爲我們對所擁有的不懂得感恩。請看清事實，許多人並沒有多少財產，但是他們感恩知足於自己所擁有的，所以非常快樂。我

看過許許多多這樣的情況。

　　大約在三十年前，博達附近的居民非常貧窮，他們住在以茅草為屋頂的泥磚房子裡，吃著簡單的食物，過著十分簡樸的生活。雖然他們的居住條件相對較現在還差，但人們卻時常笑容滿面，互相開著玩笑，彼此分享著僅有的物質，日子過得很愜意。但如今，這裡的人們似乎變得比較壓抑，隨著博達整體生活水平的改善與提升，人們反而變得越來越不開心。事實上，我們總認為更多物質肯定帶來更多快樂，但事實不然。這情形是不是很怪呢？

　　在東南亞，像馬來西亞或新加坡這些國家，顯然也存在同樣的問題。人們擁有很多物質享受，他們在浴室裡有電視，在淋浴間、廚房、臥室、客廳、甚至在廁所裡都有電視。他們有這麼多的便利設施，富人和名人因為擔心被綁架，出門有防彈轎車，去到某地還得喬裝打扮一番，強烈的焦慮感使他們痛苦不堪。

　　凡是擁有的越多，所經歷的恐懼與不安就會越多，直到整個人生都被不愉快所填滿。你可能擁有許多物質享受，但就算再怎麼努力享受，也不可能用完所有的東西。無論你多

麼的富有，也不可能一天吃下超過五六頓餐，事實上，任何人都沒有辦法一天吃太多餐。如果你一天換三四次衣服，別人會怎麼想，你又會怎麼想？人們會認爲你瘋了，甚至連你自己都會覺得很瘋狂，對吧？如果你擁有一架私人飛機，可以載著你四處飛行——去巴黎購物，到莫斯科晚餐，在紐約過夜，但這些會讓你怎麼想？怎麼感受？你總是飛來飛去，爲了什麼？

　　重點在於，若是你缺乏感恩的心，也會缺乏快樂。

仁波切：西藏的社會是如何？雖然我們是難民，拋下我們所摯愛的親友、家園財產，一路翻山越嶺，不停地跑啊跑，背後還要躲避槍林彈雨的追逐，但藏人彼此之間還是會開玩笑，互相逗趣，共享僅有的簡單食物。逃離西藏之後，藏人也會經常到彼此家中聚會，有些人準備飯菜，有些人就去買藏族的傳統食品來分享。即使是少得可憐的物資，我們也會彼此分享，時常開懷大笑。但現在的情況又是如何？這種「樂天」的民族性正

在消失，特別是那些住在歐美的藏人，他們的生活過得不錯，過著文明的生活，但內心卻是緊繃、壓抑與不安的。我們必須找到平衡之道，這點非常非常重要。

再次重申，若想獲得快樂與幸福，隨喜是不可或缺的。如果有人跟我們的境遇相同，要隨喜他們的福報；如果有人過得比我們好，也要衷心地隨喜他們，這樣我們就不必承受因嫉妒或失望所引發的痛苦，不是嗎？

仁波切問坐在他面前的一位學生：「你從哪裡來？」

學生回答：「法國。」

仁波切問：「法語的『隨喜』該怎麼說」？

學生回答：「réjouir。」

仁波切：要瞭解語言和文化真的不容易。在英國，如果你跟某個人很親近，可以稱呼對方為

「Honey」。在英文中，用這樣的稱呼很好，但如果翻譯成藏文「Trang-tsi」，若有西藏男子稱呼他的女朋友「Trang-tsi」，他的女朋友肯定會認為他瘋了，因為藏人從來就不用「Trang-tsi」這個名詞來稱呼人，對他們而言，蜂蜜就是蜂蜜。我曾聽說，西方人也會互稱「金鳳花（Buttercup）」，這是一種小花的名字，對嗎？如果你把它翻譯成尼泊爾語，那聽起來真的相當有趣。

所以，我們必須知道什麼名詞在什麼語言中可以用。我們不能用藏文的「蜂蜜」，或是尼泊爾文的「金鳳花」，因為在這些語言當中，用這些名詞稱呼人聽起來很奇怪。如果你的女朋友真的變成蜂蜜，你應該會非常失望吧？（笑聲）然後你會怎麼做？應該會有很大的問題吧！（笑聲）

有些西方歌曲，會以「我的寶貝」來稱呼摯愛的人，要是翻成尼泊爾文，就會變成「mero bachaa」。對我們而言，聽起來真的很有趣，金鳳花、寶貝、蜂蜜（笑聲）太有意思了！開示不應該只是嚴肅的內容，也可以娛樂點吧！（笑聲）也許你們不是來聽開示的，是來看表演的？（笑聲）好吧，如果有個男子打電話給他的女朋友，稱呼她「金鳳花」，那麼這位女朋友應該稱呼他「樹」或「岩石」，或者「山」，「喔，我的山」，或者更好聽一點是「我的聖母峰」（笑聲）或者「我的紅木」，因為最堅硬的木材是紅木。究竟是誰創造這些有趣的說法？

隨喜很重要，七支淨供剩下的三支也同等重要。

祈請上師轉法輪

基於我們的祈請，上師的法教將會在世間持續示現。

祈請上師長久住世

我們祈請上師不入涅槃，為一切有情的福祉而長久住世。

迴向

我們要把所有的功德迴向給一切有情眾生。所有的七支淨供，都是我們應該在臨終時善加利用的有效助緣。

如何得知自己即將死亡？我們可以根據身體的某些徵兆來判斷，醫生或許會通知我們時辰不遠，當然我們應該相信醫學權威所言。如果醫生已確定希望無幾，死亡時刻即將來臨，那麼就應該趕緊把握時間交代親友，請他們務必要把自己所擁有的財產用於善業，並開始修持上述七支淨供。

菩薩行最重要也最主要的部分，就是為了培養洞悉空悲不二的體驗，而若要累積更多達到真實證悟悲智無別的善緣，七支淨供絕對不可或缺。

如果我們不能立即進入智慧與大悲周遍的真實狀態，亦可藉由七支淨供的修持，讓我們直接經驗萬法如是本性的真

實見地，以及對一切眾生的廣大悲心。

臨終時須改變的五力順序

臨終時，須改變的五力順序爲何？

(1) 死亡的那一刻來臨時，要從**善因力**開始。

(2) 接下來，要借助**發願力**。正如我們在前面所提到的，死亡的逼近將使得心變得異常敏銳，基於對毀滅的恐懼，我們的心將變得極爲清晰與警覺。不論你是否有信仰，在臨終時，我們全都會有恐懼。

　　因爲心是如此的敏銳與清晰，任何念頭的出現都會形成強大的焦點，栩栩如生地佔據我們的心。此時如果能將念頭轉向善，那麼心在強大、逼眞和十分專注的狀態下將變得非常有力。此時，任何的發願都具有強大的效力。那麼，我們應該發什麼願呢？我們應該這樣想：「願所有像我一樣瀕臨死亡邊緣之人，都能擁有良善與智慧之心！願我們都能在了悟空悲不二的智慧中離世！願一切有情於對眾

生生起大愛之時超脫！死後，願我們能於中陰階段及未來所有世，都能爲利益一切眾生而繼續修持悲智無別之道！」

我們應該利用這段強而有力的過渡時期，以這樣的方式爲了自己、親友，更爲了一切有情眾生而祈願。

(3) **破斥力**是認知到自我珍愛和以自我爲中心的態度，是阻礙我們和其他眾生無法擁有（一直所求之）眞正快樂和安康的根本原因。基於自私的觀念，我們持續承受痛苦。在死亡的那一刻，我們應該祈願：「願我不再明知不該卻仍總是以自我爲中心，並一直將自己看得比他人重要。」在意識到這些有害習氣後，我們應當拋棄以自我爲中心的自大觀念。

(4) **引發力**（決定力）要這樣想：「我要像個修行人一樣面對死亡，當死亡來臨時，願我能隨著最後一口氣而進入大悲與了悟無我的境界中！」如果我們眞的能在了悟無我的智慧中吐出最後那一口氣，這將是極爲殊勝的。

只要我們能夠下定這樣的決心，就能營造出非常有利的善緣，讓我們在極為正向、開放、包容、真誠良善的心理狀態下離世，那該有多麼美好！

(5) 關於**串習力**，我們應當串習什麼？我們應當熟悉無邊的慈悲，同時配合「萬法雖顯，然無自性」的這種見地，也就是：當任何現象顯現時，這些現象都沒有任何自性。心的本身，是空性、離戲，一點都不錯綜複雜。

　　一旦真正如此串習，我們就能懷著希望眾生具足快樂與幸福的真誠關愛而告別人間。我們將能深度地放鬆，完全地開放，並能覺知到雖然在五根面前所呈現出來的顯相是那麼的生動明亮，但它們完全不是真實的，根本不如外表所看起來的那樣，所有這些現象都是虛幻的，就如昨晚所做的夢一樣。接著，我們將領悟到萬法甚深的空性本質，並理解到我們日常所體驗到的，一切所見、所聞及相關的一切（包括我們自己），於究竟上超乎心的造作。因此，事物的本質是大離戲（Great Simplicity）。在

這種狀態下的心，圓滿的慈悲將會生起。如果能如此離去，那麼我們的死亡將會是一段奇妙的經歷，並且完全契入法教。

現在，你們應該對這五力有更好的理解，試著將這些牢記在心。再簡單重述一次，第一力為**善因力**，包含在七支淨供當中。其次是**誓願力**，希望眾生無有例外地都能具足長久而圓滿的快樂。第三力是**破斥力**，直接對治造成自己和他人痛苦與不幸的根本原因，而此原因是什麼呢？愚痴無明與自私自利，便是使眾生淪為凡夫的原因。

第四力，**引發力**真的很重要，此力量越牢固，就越能真實純正地將修行與死亡完美結合在一起。

重要姿勢和「梵穴」

有些修行者基於破斥力的展現，能夠以直挺的禪修坐姿離世，這說明他們成功地於修行中往生。如果我們至少能在呼吸中止時，採取蹲姿或坐姿的話，也會十分有益。再不然，我們還可以效仿釋迦牟尼佛涅槃時所採的「吉祥獅子

「臥」姿，即身體向右側臥，並將右手掌置於右臉頰下。基於第四力的展現，我們有可能在善力及有益的狀態下離世。

請記住重要的一點，也就是在死亡的那一刻來臨時，要將注意力集中在頭頂，這是一項特別有力的密宗修法，能引領我們投生至善趣。事實上，我們應該經常把注意力集中在頭頂，尤其是那些已經修過頗瓦法或遷識法的人。無論在行進間或說話時，都應該隨時保持對頂輪「梵穴」的細微注意。在死亡的那一刻，神識能夠從「梵穴」出去是最好的，經由其他的竅孔出去都不會比這裡好。所以，一定要確定神識從正確的竅孔出去！

（迴向祈願文）

～確吉尼瑪仁波切於二〇〇六年一月二十一日在噶寧謝竹林寺
　大殿給予這段開示，托馬斯・達克特英譯，蒂娜・郎・沃
　倫繕寫，蔣秋康卓於二〇一〇年七月進行編輯整理。願此開
　示利益一切有情！

9　愚昧的出離心乃是自我折磨

　　我們為何要聽聞佛法？為何要將佛法付諸實修？因為我們是迷妄的。

何謂迷妄？

　　迷妄就是，我們將眼前的一切都看成是真實的，相信它們都是真實的並以這樣的方式思考。所謂的「一切」或「所有現象」是指什麼？它是指外在世界所呈現的一切，包含世間的眾生及眾生的苦樂等所有體驗。而迷妄就是指對我們來說，包含這個世間、世間眾生及其所有體驗，這一切都是真實的。

　　意思是說，當我們面對外在環境，例如：高山、海洋等，很自然地認為一切都是真實的，並對組成世界的地、

225

水、火、風等元素，也理所當然認爲都是眞實存在。同理，我們認爲自己的身體也是眞實的，自己的身體是眞實地與家人、朋友和摯愛的人在一起。對我們所擁有的，如家園、國家以及一起住在這個世間的人，不論我們稱呼其爲朋友或敵人，也認爲是眞實存在的，屬於眞實世界的一部分。因爲如此，我們變得對自我非常執著，執著於我們的身體、財富和親友。

諸行無常

一切都是無常的，沒有什麼是可靠的，沒有什麼會恆常不變。然而我們卻對其有著強烈的執著，並藉由謀取來獲得安心。謀取什麼呢？如果我們受過教育，便會認爲：「我是受過教育的。」如果我們有某份工作，就會想：「嗯！我有這份工作，我有能力做這份工作。」或是「我是商人，我可以擁有得更多，我不僅位高權重，能照顧家庭、管理公司，甚至還能領導國家，我是這裡、那裡的老大。」

縱使一切都在改變著、運行著，沒有什麼是可靠的，我們還是對一切強烈地執取，認爲有些東西是可以倚賴的。我

們認為教育是可以倚賴的，認為名聲、財富、權力、物質利益等等都是牢靠的。我們堅信：「我擁有這些、那些，就有能力去做些什麼，我可以做這個，已經做了那個，正要做這個，將來要做那個……。」

但是，名聲是靠不住的，財富是靠不住的，物質利益是不可倚賴的，家庭不是永久的，身體也是不可靠的，快樂更是不確定的，沒有什麼是可以倚賴的。萬事萬物時時刻刻都在變化之中，而且不只時時都在變化，令人措手不及的時刻也隨時都會到來。

我們經常做著許多計畫，永無止盡地做著各種準備。我們的想法沒完沒了，願望沒有止境，但我們卻沒有意識到悲傷和突如其來的事情隨時都會發生，且事前不會有任何徵兆。我們永遠不知道何時會發生什麼事情，也沒有任何徵兆會預先告知我們生活中即將發生的事情。

然而我們卻盼望著、想像著，甚至有時候祈禱著美好的事情發生。我們不願想到任何不幸的事情，只願想像美好的事，我們喜歡想像：自己永遠不會生病，永遠不會老去，甚至還想像自己永遠不會死亡。但這些永遠都不會發生！衰老

227

會到來，那是自然定律；疾病會到來，這也是自然法則，我們不能否認這些。即使你跟幾十萬個醫生一起生活，這些醫生也將會消失。

我們多數人都已明白，沒有什麼是可靠的。基於這個原因，佛法非常重要。

科技帶來無止境的貪欲

我們人類比其他有情眾生擁有更多機會，但貪婪和不知足也同等地多。人類既聰明又擁有許多機會，能學習各類知識，進行許多有趣的事物，管理不同事務，做各種的事情，但我們卻很貪婪，而這種貪婪的性格從過去直到現在皆是如此。

如果我們的心可以更仁慈、柔軟、包容與感恩，那麼在現代這個社會，人類將很容易地把這個世界變成一個更美好舒適的地方。為什麼？因為科技的力量。

現今的世界，人們的心變得越來越貪婪、自私，從不為後代子孫多加考慮。即使嘴巴說要為將來孩子或後世子孫著想，但也只是說說而已。我們心裡想讓下一代過舒適的生

活，但此刻在做的事情，卻是徹底摧毀他們的未來。諷刺的是，這也是拜科技所賜。

科技可以發揮很大的力量，但人類已變得極為貪婪與傲慢。國與國之間的戰爭，家族與家族之間的爭鬥，都是源自於貪婪與自私。物質功利、名氣、聲望、權力和學識都是兩面性的，它們既是毒藥也是良藥。教育是良藥，也是毒藥；金錢是良藥，也可以是毒藥——金錢是有毒的：錢能摧毀一切，也能助益良多。究竟是良藥還是毒藥，決定權在我們自己，取決於我們的動機。所以，動機極為重要，我們應該從愛與關懷發心。

二十一世紀的我們面臨著什麼樣的問題？我們的問題不是缺乏教育，也不是缺乏科技。藉由網路、iphone、ipad，我們能隨時知道這個世界發生什麼事情，現在的世界相對變小了。儘管有些地區教育和衛生條件較差，但這並不是大問題，如果有富人願意幫助這些窮人的話，上述問題也是能夠解決的。

因此，如果我們能更仁慈與溫柔，彼此和諧相處的話，就不必在惡行上投下大筆金錢。「惡行」指的是什麼？指的

是花錢建購強大的軍隊和武器裝備。一個國家需要在軍備上投入多少金錢？我們都知道軍隊是由人所組成的，為什麼要讓那麼多的人成為軍人和警察？軍隊的目的是什麼？是為了殺死其他的人。

如果我們只相信科學而不相信佛法，也會同意我們都是兄弟姐妹的說法。因為科學已證明人類是由黑猩猩所演化而來的，所有的人類都與黑猩猩有關。如果這個說法正確，那麼所有的人就都是兄弟姐妹；如果科學依據確實準確，就可以進一步說明一切有情都是我們的父母親。然而我們卻大言不慚地把傷害自己的父母親當作目標。

我們只要仔細想一想，就不難發現人類的確非常貪婪、自私。只要人類認為是正確的，就一定是正確的。例如，人類認為殺害特定動物不是問題，但殺害其他特定動物就是大罪行。難道牠們不都一樣是動物嗎？同樣的，殺死某些特定的人會得到褒揚，但殺死另外一些人則必須進監獄。這些都是人類自己制定的規則，都是屬於自私的人為法律。

在現今世界上，姑且不論我們信仰的是佛教或其他宗教，或者毫無信仰，有一件事情讓我們擔憂的是──這個

世界變得越來越高度競爭，快樂地和平共處已經越來越不存在。

我們擁有最新科技、最先進的產品，也有了更多的壓力、擔憂與害怕，我們一直在追逐最新穎、時髦的產品，不斷扔掉過時的老舊物品。我們希望獲得更多，就不得不更加努力地工作。

快樂之本：大慈大悲

我要和大家分享的重點是：我們的問題在於缺乏慈悲心，因此導致我們得面對這麼多諸如家庭、鄰居、國內，乃至國與國之間的問題。

慈悲是快樂的源頭。如果我們能彼此相愛，就會相互信任，有信任就會有和諧，有和諧就會有快樂，有快樂則恐懼不復存在，如果沒有恐懼，就不需要任何武器。就是因為有恐懼，才需要更多的武器；就是因為有恐懼，才需要更多的警察、更多的軍隊，最後搞得每個人都得去從軍。也許你穿著軍服，又或許你手上並沒有拿著任何武器，但你心裡的那個「你」和「我」的想法，以及「我想要贏」、「我不想看

見某個人」的這些念頭，就是你心中無形的軍隊。然而，是誰創造出這一切？

人類智商很高，卻也極為可笑，因為我們輕易地就能把自己陷入負面情緒當中。如果我想惹惱你，只須講幾句話，或對你比些手勢，你就會生氣了。但是，如果我想要讓你快樂，可沒有讓你生氣那樣容易，我可能得花上好幾天的時間，卻仍無法確定是否真的讓你快樂了。

人類的心就是這麼容易受干擾。要讓人內心紛亂不寧非常容易，但要使人內心平靜祥和卻極為困難。基於這個原因，作為人類的我們，必須特別留意自己的心。

我先前說到：「我們是迷妄的」。迷妄是什麼意思？通常可以這樣講，我們明明知道快樂源自於仁慈，卻不想增長這種仁慈。

我們知道慈悲是快樂之本，亦是快樂之源。儘管有了這樣的認知，但在面對現實生活時，我們並沒有把這種慈悲的功德看得很重要。我們很自然地認為，站在眼前的那個人不可能比我來得重要。我們有這樣的傾向，認為發生在「我」身上的事情比任何人還重要。如此自私，沒有同理心的想

法，一直在我們心中。因此，當我們說自己完全理解慈悲的功德時，真的很奇怪。

不論對我們和他人，不論短暫或永久，這些快樂、喜悅、成功與幸福，都源自於慈悲。大慈大悲是所有快樂的究竟根源，光說「慈」或「悲」，不能完整表達其含義，必需要說「大慈」和「大悲」。這裡的「大」指的是什麼？

指的是無差別的慈愛。無差別的愛是指在任何時候、任何情況都能給予每一位眾生平等的愛；對於最愛我們的人和最恨我們的人，都能有同樣的慈悲心。如果我們之中任何一個人能做到這點，就是擁有了大慈。擁有這樣的大慈，就可以稱得上是菩薩道上的行者。

所有偉大的菩薩，不分性別，都充滿了慈悲的特質，都擁有大慈大悲。如果我們能生起這樣的願望，希望真正利益到每一位眾生，不論對朋友還是陌生人，或是曾經傷害過我們的人，都能如此發願：「願我能擁有真正的慈悲，願我能真正履行慈悲。」如果可以發這樣的願，將會非常圓滿。在所有願心當中，沒有比這樣的願更大、更強而有力。在具有發無上心的善德後，我們將成為偉大菩薩的真正追隨者。

這樣的發願，並不是要我們像菩薩那樣去修行或行事，而是要辨識出自己的起心動念。如果我們的發心與菩薩的發心以及要實現的目標是一致的，如果我們能調整自己以菩薩的角度看待事物，事實上就已經踏上菩薩道了。再也沒有比發這樣的願更遠大、崇高與殊勝的了。

真實的發心：普度眾生

相信我們每個人，尤其是對學習佛法的人來說，都經常聽聞「菩提心」或「大慈大悲」。我們知道大慈和智慧是所有教法的根本，在所有佛法當中，這兩點最為重要，所有的修行法門也都與這兩點有關。若是我們能做到擁有平等的慈悲心，就算已達成所有的目標。但我們現在還做不到，該怎麼辦？等待嗎？不行！祈請嗎？可以！修習任何一種法門有幫助嗎？有！禪修重要嗎？重要！修持佈施重要嗎？重要！運用各種善巧方便重要嗎？重要！

但其中最重要的一件事是，在一天當中至少應該要有一次，打從心底生起這樣的想法，不只是閃過一絲念頭，而是真真切切、全心全意地想：「我打從內心深處希望自己盡最

234

大努力為眾生帶來真正的快樂，幫助眾生遠離痛苦，不論親疏或敵人。我由衷希望自己能做到這點，並期望這一切能夠實現」。

如果每天我們都能花一兩分鐘的時間安住在這樣的願心裡，對每天都經歷一次這樣發願的人來說，你們想想看，他的內心會發生怎樣的變化？

這只是一個念頭，實際上我們什麼都還沒有做。但這是一個衷心想要為每位眾生帶來真正快樂，並救護每一位眾生的真誠願望。

如果我們能這樣發願：「願我所擁有的一切，我的身體、財產，甚至是福德，都施予每位眾生。我希望能佈施，這是我的禮物，我想要把我所擁有的一切送給每位眾生。要是我能如此做到，該有多美好！我的身體、學識、世間所擁有的一切，修行佛法所累積的善行或功德，不論我擁有什麼，希望我能打從心底，無有差別地分享給所有愛我、甚至是恨我，或曾經傷害過我的人。」這該有多美好啊！

若是我們能在生活中如此修持，再也沒有比這更大的喜悅了，不是嗎？如果我們在一天之中能有一次這樣的念頭，

甚至是五次或更多次如此清淨的發心，其願力該有多強大？所有的菩薩皆因清淨願力而生，因此這種清淨的發心具有極強大的力量。

當然，我們還是要持續其他修行，持續觀想本尊、持咒、進行寂止的修心練習。毫無疑問地，我們應該持續修行所有的善巧法門，但其中務必要確保我們的修行必須伴隨著想要真實利益一切眾生、將一切眾生自痛苦當中解救出來的大願，並許下承諾為了實現令眾生離苦得樂、究竟解脫的盼望，即使付出一切也在所不惜。

我們可以如此真誠發願：「為使他人離苦得真實樂，我願將自身連同所有功德福報一併佈施出去，這是我的真心盼望；若有一天願望成真，該有多麼美好！我終於徹底佈施我所有的一切，這太美妙了！」

如此這般周遍的慈悲、承擔和完全的佈施，是成就偉大菩薩的關鍵。菩薩非由禪定中而生，不會因禪定非常專注穩固而成。菩薩是因為這樣的願力，是因為想要解救一切眾生並使其覺醒的願心而來的。

這也是我們能成為菩薩的關鍵，這點必須謹記在心。成

就菩薩的決定性關鍵是什麼？就是這樣的願心，對此我們一定要深刻理解。

愚昧的出離心只是自我折磨

我們需要具備出離心、慈悲心和清淨見等功德，幫助我們行走在菩薩道上。出離心，通常是指能體認到整個世間及眾生都是無常、短暫與非恆常的，沒有任何事物能緊緊抓住。

然而如果認為單純擁有這樣的想法便已具備出離心的話，就是愚昧的出離心。出離心必須看得到成效。擁有出離心縱然很重要，但愚昧的出離心是無知的，只是在自我折磨。所以我們應該要怎麼做？我們需要有智慧的出離心。怎樣才算有智慧的出離心？要放下，不要有太多執著，盡量減少執取。

這稱為「心靈的瑜伽」，是心靈的至高瑜伽修持。不僅身體需要修持瑜伽，心靈也需要鍛鍊。除了身體瑜伽外，語言瑜伽是以溫柔、善良、尊重和柔和的方式說話，心靈瑜伽則是指有智慧的出離心。

我們都知道沒有什麼事物是可以仰賴的，這點的確很悲哀。我們隨時都可能面臨悲傷的事，痛苦隨時都會到來，而且還不是輕微的悲傷或痛苦，很有可能我們就得被迫放棄一切，放棄一輩子辛苦經營與創造的一切，就在一秒鐘以內全都得放下。你的家庭、朋友、財產和肉身，所有的一切都再也回不來了。雖然如此，我們還是如此奮鬥，並製造了一大堆的希望和恐懼。

　　當孩子在堆砌沙堡時，他們真心認為沙堡是真實的，如果沙堡被其他孩子破壞，這個孩子將非常難過，而且不僅是難過一下子，有可能會難過好幾天、好幾月。因為沙堡對孩子來說，是一件重要的東西，為什麼？因為他們太執著於沙堡了。

　　包括這整個世間，居住在世間的我們，以及我們所擁有的受用與財產，一切都是無常的。任何我們所執取的都應該放手，任何所貪戀的都應該鬆開。我們唯一需要做的，而且能帶來實際利益的事，就是不再執著。減少執著就是修行。

了悟悲空雙運之心性

所有的眾生都跟我們一樣，渴望得到快樂、遠離痛苦。這點大家都一樣。不僅如此，大乘法教還提到，每一位眾生都是我們的父母，不只是父母，還是仁慈的父母。基於此，我們應該修持六度波羅蜜多，而這是需要好好探討的大課題。

我們提供援助給無法受教育、生病、失去經濟依靠的人，施予財物給他們，是修佈施。不做傷害他人或使他人痛苦的事情，是修持戒。容忍那些找我們麻煩、令我們惱火的人，是修安忍。若是能做到這些，就是偉大的修行。

但如果我們想要圓滿地修持佈施、持戒和安忍，圓滿地利益每一位眾生，幫助每一位眾生，就需要有內心的定力；沒有定力，就無法開展智慧；沒有智慧，就無法為他人提供更多幫助。即使我們不是存心故意，仍有可能不自覺地傷害到他人，因為我們仍有煩惱；即使我們想要修安忍，仍然很難有百分之百完全的安忍力，這也是因為我們有煩惱。唯有消除了煩惱，我們才能真實而純粹地利益眾生。基於這些

原因，進行寂止和勝觀的禪修非常重要。為了能真正利益他人，我們還要仰賴持續的精進，因此修持精進也同等重要。

了知這個世間及世上的眾生都是無常的，就應該放下執著；了知有情眾生都跟你一樣；了知有情眾生都曾為你的父母親，並盡力生起菩提心與慈悲心；了知你的心即是法身，努力去明白、體驗和了悟它。明白「自心即法身」，這是什麼意思？就是明白那富含悲心的空性。首先要明白空性可以成為悲心、等同悲心，接著就是去體會、經驗它，一直到了悟它。

先前我們提過迷妄。迷妄的定義，舉例而言就是誤把無常看做是恆常，誤把虛幻看成為真實。因此，一旦心被貪、瞋、癡所掌控，就無法脫離迷妄。但是，我們的心性本來是清淨的，未來也會是清淨的。貪、瞋、癡的本質其實就是大悲空性。如果我們能明白這點、認出和體驗大悲空性，繼而不斷地增長這種體悟的穩定性，那麼還有什麼比這更殊勝的呢？還有什麼比這更高的成就嗎？

如果我們修行的真正目標是為了證得大悲空性，這意味著什麼？如果光是心想：「法教所說的或許是真的。」這不

會有太大幫助，是不具建設性的想法。什麼才是具建設性的想法？

首先要弄懂「根本心性是大悲空性」這句話的含義。我們先試著從善知識那裡得到相關指導，也閱讀相關書籍來明白其真正含義。然後我們開始有所感受：「我想我懂了」，通常我們是這樣做的。但這只是智識上的理解，我們還必須在內心有所體會。我們能領悟到心可以什麼都不做，完全無有任何執取，但同時心又是開放的、溫暖和慈悲的，這樣的能力幾乎是廣大無邊的，它能關注到每一個人。這時的慈悲是清淨而真實的，即使面對傷害我們或不易相處的人，都能生起關愛且幫助他們的心，這樣的慈悲心實為不凡。

如此不凡的慈悲心從何處而來？從智慧中得來！這樣的慈悲絕對不可能從強迫、想像或禪修中得來！這些方法都行不通！如果行得通，倒也無妨，但確實行不通。所以這就是為什麼了悟或洞見如此至關重要的原因。最後，勸請諸位，也是鼓勵大家，要時時心念：「願我有一天終能為了一切眾生離苦得樂，獲得真正解脫而佈施我所擁有的一切，我願將自己的身體、財產、善業和福德等一切美好的東西，完全

佈施出去。」如果你能如此發心的話，將會得到非常大的助益。

　　佛陀說，凡你所擁有的都是別人的；凡你所佈施的才是你的，即使你不希求一切，即使你連一分錢都不想擁有，那些還是會回到你身上。反之，如果你連一分錢都不想佈施，那麼連這一分錢也將會是別人的。事實如此，你別無選擇。

徒眾！豈不喜滿懷？

確吉尼瑪仁波切所作之任運道歌

三世一切諸佛尊，

如來所悟之精要，

了義法之自性境，

諸佛眾生實無別；

佛性一一皆具足，

觀此本然吾大喜！

我執妄念惑眾生，

思此迷妄吾深悲！

尊師直指本覺面，

觀此解脫讚嘆溢！

道在眸前非天遙，

修法極簡非艱難！

不知此乃大損失：

汝之當下平常心，
自生如來即是也！

勿以層層猶疑散，
掩蓋赤裸空性覺！
本來面目切莫遮，
禪者依其所緣境，
當下即應現觀之！

自性調柔徵兆現，
虔信如泉任運湧，
慈悲之情自滿盈，
體悟似海起浪潮。

見修行乃必要件，
融入單一之訣竅！

安住自心本源處，

即達莊嚴法身剎。

無須希冀未來果，

徒眾！豈不喜滿懷？

無以言詮自生覺，

雖謂人皆應悟之，

心無造作何稀哉！

縱有欲修之希求，

除非內心生體悟，

一知半解難解脫。

若不了悟此真如，

豈有何者更爲眞！

抉擇定解此見地！

千錘百鍊勤修之！

唯因慈父根本上師之恩德，吾人方能經由對了義之聞思修而獲得些許解脫。故於吾等導師獲得正等正覺之大覺塔金剛座前，吾名法日（Dharma Surya）者，於一九九○年獻上此眞誠願望，用以提醒自己並激勵他人。願此道歌圓成其果！

～摘自確吉尼瑪仁波切著作《大手印與大圓滿之雙運》（*The Union of Mahamudra and Dzogchen*，暫譯），艾瑞克貝瑪昆桑（Eric Pema Kunsang）英譯，自生智出版社，一九九四年。

千佛寺——
一份吉祥的真、善、美福報

　　位於尼泊爾南部的藍毗尼，是悉達多太子的誕生祥地。悉達多太子證道後，世人尊稱他為「釋迦牟尼佛」。釋迦牟尼佛是現今賢劫千佛中的第四尊佛，而藍毗尼則是賢劫千佛的共同誕生地。藍毗尼是佛教的發源地，也是佛教徒最為重要的朝聖地之一。一九九七年，藍毗尼被聯合國教科文組織認證為「世界文化遺產」之一。

　　二十世紀藏傳佛教著名的禪修大師——至尊祖古·烏金仁波切在涅槃的前一年，對兒子確吉·尼瑪仁波切道出遺願：如果能在藍毗尼建一所大寺院，就實在是太殊勝了。

　　在確吉·尼瑪仁波切的親自督導之下，「帕爾土登謝珠林寺」、又名「千佛寺」，於二〇〇九年開始興建。寺院所在位置距離釋迦牟尼佛誕生地不到一公里。這座為後代萬世佛子所設立的珍貴道場，將成為未來聞思與修行佛法的重要法座。

　　千佛寺的設計採用傳統藏傳佛教風格，五層樓高的結構反映了佛陀悟道的三身。第一層將供奉三尊大佛，各有七點六公尺高，代表了過去、現在和未來的三世佛，同時還將供奉一千尊四十六公分高的佛像，代表了現今賢劫的千佛。第二層將供奉大悲觀世音菩薩以及八大菩薩；第三層將供奉阿彌陀佛，以及一間設有收藏巴利文、梵文、藏文、中文、蒙古文以及其他語文的佛教典籍的圖書館。同時，還有十六羅漢，二十一度母以及蓮花生大士的聖像也將供奉寺中。

如今，千佛寺的建設仍在如火如荼地進行中。在歷經二〇一五年尼泊爾大地震等種種艱辛考驗之後，在世界各國善心人士的大力護持之下，目前寺院主體結構已經全部完成，現正進入內部裝修與裝飾階段，並預計於二〇二一年竣工。

千佛寺建成之後，將會極大利益到前去藍毗尼參訪的每一位信眾和遊客——在千佛寺做一個頂禮，即向賢劫千佛頂禮；在千佛寺供養一枝鮮花，即向賢劫千佛供花……，如此所積聚的福德利益是無法估量的。

因此，確吉·尼瑪仁波切總是提醒信眾：「建造千佛寺，不是爲了你，也不是爲了我，而是爲了大眾，爲了這個世界以及世世代代的後人。」

現在，我們誠邀您與所有善心人士一起，共同爲千佛寺的建設作出貢獻。參與護持建造佛陀之身、語、意的象徵，將有助於我們實現此生的願望，並在我們的心中播下解脫的種子。

您願意與我們齊心協力建成這座殊勝的千佛寺嗎？

• 參與護持千佛寺的建設，請瀏覽以下網站：
www.dharmasunasia.org

• 聯繫郵箱：1000buddhatemple@dharmasunasia.org

橡樹林文化 ❖❖ 蓮師文集系列 ❖❖ 書目

JA0001	空行法教	伊喜・措嘉佛母輯錄付藏	260 元
JA0002	蓮師傳	伊喜・措嘉記錄撰寫	380 元
JA0003	蓮師心要建言	艾瑞克・貝瑪・昆桑◎藏譯英	350 元
JA0004	白蓮花	蔣貢米龐仁波切◎著	260 元
JA0005	松嶺寶藏	蓮花生大士◎著	330 元
JA0006	自然解脫	蓮花生大士◎著	400 元
JA0007/8	智慧之光 1/2	根本文◎蓮花生大士／釋論◎蔣貢・康楚	799 元
JA0009	障礙遍除：蓮師心要修持	蓮花生大士◎著	450 元

橡樹林文化 ❖❖ 朝聖系列 ❖❖ 書目

JK0001	五台山與大圓滿：文殊道場朝聖指南	菩提洲◎著	500 元
JK0002	蓮師在西藏：大藏區蓮師聖地巡禮	邱常梵◎著	700 元
JK0003	觀音在西藏：遇見世間最美麗的佛菩薩	邱常梵◎著	700 元

橡樹林文化 ❖❖ 圖解佛學系列 ❖❖ 書目

| JL0001 | 圖解西藏生死書 | 張宏實◎著 | 420 元 |
| JL0002 | 圖解佛教八識 | 洪朝吉◎著 | 260 元 |

橡樹林文化 ❖❖ 成就者傳紀系列 ❖❖ 書目

善知識系列　JB0138X

佛法的喜悅之道 Sadness,Love,Openness:The Buddhist Path of Joy

作　　　者／確吉·尼瑪仁波切（Chökyi Nyima Rinpoche）
中　　　譯／喜饒帕宗
審　　　定／普賢法譯小組
責任編輯／丁品方
業　　　務／顏宏紋

總　編　輯／張嘉芳
出　　　版／橡樹林文化
　　　　　　城邦文化事業股份有限公司
　　　　　　104 台北市民生東路二段 141 號 5 樓
　　　　　　電話：(02)2500-7696　傳眞：(02)2500-1951
發　　　行／英屬蓋曼群島商家庭傳媒股份有限公司城邦分公司
　　　　　　104 台北市中山區民生東路二段 141 號 2 樓
　　　　　　客服服務專線：(02)25007718；25001991
　　　　　　24 小時傳眞專線：(02)25001990；25001991
　　　　　　服務時間：週一至週五上午 09:30 ～ 12:00；下午 13:30 ～ 17:00
　　　　　　劃撥帳號：19863813　戶名：書虫股份有限公司
　　　　　　讀者服務信箱：service@readingclub.com.tw
香港發行所／城邦（香港）出版集團有限公司
　　　　　　香港灣仔駱克道 193 號東超商業中心 1 樓
　　　　　　電話：(852)25086231　傳眞：(852)25789337
　　　　　　Email：hkcite@biznetvigator.com
馬新發行所／城邦（馬新）出版集團【Cité (M) Sdn.Bhd. (458372 U)】
　　　　　　41, Jalan Radin Anum, Bandar Baru Sri Petaling,
　　　　　　57000 Kuala Lumpur, Malaysia.
　　　　　　電話：(603) 90578822　傳眞：(603) 90576622
　　　　　　Email：cite@cite.com.my

封面設計／劉鳳剛
內文排版／歐陽碧智
印　　　刷／韋懋實業有限公司

初版一刷／ 2019 年 12 月
二版一刷／ 2020 年 8 月
ISBN ／ 978-986-97998-8-1
定價／ 350 元

城邦讀書花園
www.cite.com.tw

版權所有·翻印必究（Printed in Taiwan）
缺頁或破損請寄回更換

國家圖書館出版品預行編目（CIP）資料

佛法的喜悅之道 / 確吉尼瑪仁波切著；喜饒帕宗
譯. -- 初版. -- 臺北市：橡樹林文化，城邦文化
出版：家庭傳媒城邦分公司發行，2020.08
　　面；　公分. -- （善知識；JB0138X）
譯自：Sadness, love, openness
ISBN 978-986-97998-8-1（平裝）

1. 藏傳佛教　2. 佛教修持

226.965　　　　　　　　　　　108018285

104 台北市中山區民生東路二段 141 號 5 樓

城邦文化事業股份有限公司
橡樹林出版事業部　　收

請沿虛線剪下對折裝訂寄回，謝謝！

|橡|樹|林|

書名：佛法的喜悅之道　　書號：JB0138

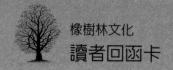

橡樹林文化

讀者回函卡

感謝您對橡樹林出版社之支持，請將您的建議提供給我們參考與改進；請別忘了給我們一些鼓勵，我們會更加努力，出版好書與您結緣。

姓名：＿＿＿＿＿＿＿＿＿＿　□女　□男　生日：西元＿＿＿＿＿年

Email：＿＿＿＿＿＿＿＿＿＿＿＿＿＿＿＿＿＿＿＿＿＿＿＿＿＿

● 您從何處知道此書？

□書店　□書訊　□書評　□報紙　□廣播　□網路　□廣告 DM

□親友介紹　□橡樹林電子報　□其他＿＿＿＿＿＿＿＿＿

● 您以何種方式購買本書？

□誠品書店　□誠品網路書店　□金石堂書店　□金石堂網路書店

□博客來網路書店　□其他＿＿＿＿＿＿＿＿

● 您希望我們未來出版哪一種主題的書？（可複選）

□佛法生活應用　□教理　□實修法門介紹　□大師開示　□大師傳記

□佛教圖解百科　□其他＿＿＿＿＿＿＿＿＿

● 您對本書的建議：

＿＿＿＿＿＿＿＿＿＿＿＿＿＿＿＿＿＿＿＿＿＿＿＿＿＿＿＿＿

＿＿＿＿＿＿＿＿＿＿＿＿＿＿＿＿＿＿＿＿＿＿＿＿＿＿＿＿＿

＿＿＿＿＿＿＿＿＿＿＿＿＿＿＿＿＿＿＿＿＿＿＿＿＿＿＿＿＿

處理佛書的方式

佛書內含佛陀的法教，能令我們免於投生惡道，並且為我們指出解脫之道。因此，我們應當對佛書恭敬，不將它放置於地上、座位或是走道上，也不應跨過。搬運佛書時，要妥善地包好、保護好。放置佛書時，應放在乾淨的高處，與其他一般的物品區分開來。

若是需要處理掉不用的佛書，就必須小心謹慎地將它們燒掉，而不是丟棄在垃圾堆當中。焚燒佛書前，最好先唸一段祈願文或是咒語，例如唵（OM）、啊（AH）、吽（HUNG），然後觀想被焚燒的佛書中的文字融入「啊」字，接著「啊」字融入你自身，之後才開始焚燒。

這些處理方式也同樣適用於佛教藝術品，以及其他宗教教法的文字記錄與藝術品。

ཡི་གེ་ཉི་ཤུ་རྩ་དྲུག་པ་འདི་དཔེ་ཆའི་ནང་དུ་བཞག་ན་དཔེ་ཆ་ཉི་ཉེ་འདར་
བགྲོམས་ཀྱང་ཉེས་པ་མི་འབྱུང་བར་འཛད་དཔལ་རྒྱ་ཆུད་ལས་གསུངས་སོ།། །།

此咒置經書中　可減誤跨之罪